청소년들의 진로와 직업 탐색을 위한
잡프러포즈 시리즈 57

눈으로 뛰며 승리를 만들어가는

축구 전력분석관

청소년들의 진로와 직업 탐색을 위한 잡프러포즈 시리즈 57

눈으로 뛰며
승리를 만들어가는

축구
전력분석관

김보찬 지음

A POWER
ANALYST

TALK SHOW

CONTENTS

축구 전력분석관

김보찬의
프러포즈

안녕하세요, 청소년 여러분!

저는 축구 전력분석관 김보찬입니다.

직업을 고민하는 청소년들이 어른들에게 가장 많이 듣는 말이 좋은 대학 가서 좋은 직업을 찾아 성공하라는 걸 거예요. 저는 여러분에게 좋아하는 것과 좋아 보이는 것을 구별하고, 좋아하는 것과 적성에 맞는 것을 좇으라고 말하고 싶어요. 이 차이는 일을 하면서 고비가 왔을 때 확실하게 구별할 수 있어요. 좋아하는 일을 할 때는 고비가 와도 끈기 있게 참고 견딜 수 있지만, 좋아 보이는 일을 할 때 힘들다는 생각이 들면 금방 포기하게 되더라고요.

저는 초등학교 5학년 때 축구선수 생활을 했어요. 1년 만에 그만두고 중고등학교 때는 다른 꿈을 찾으려고 애썼어요. 이것저것 여러 가지를 배우면서 꿈을 가지려고 했지만 축구 말고는 재미있는 걸 찾을 수가 없었어요. 운동을 좋아해서 대학을 체육과로 가긴 했지만 입학할 때까지도 제가 뭘 하고 싶다는 생각이 없었고요. 다른 친구들처럼 대학 생활을 즐기려고 해 봤어요. 그렇게 한 학기를 보내고 나서 확실히 깨달았죠. 제가 정말 좋아하는 것은 축구밖에 없다는 것을요. 비록 선수는 될 수 없지만 선수들과 함께 뛸 수 있는 방법을 찾아야겠다는 결심을 했어요.

전력분석관이라는 직업이 있다는 건 대학을 졸업하고 대학원에 진학했을 때 알게 되었어요. 대학원에서 스포츠 심리학을 전공하면 축구 현장으로 갈 수 있는 길이 있지 않을까 해서 들어갔어요. 하지만 학문적인 공부는 제게 맞지 않더라고요. 그러다 우연히 영국에 있는 대학에 전력분석관 석사과정이 있다는 것을 알게 되었어요. 머리가 환하게 밝아지며 가슴이 쿵쾅쿵쾅 뛰는 순간이었어요. 전력분석관이 되면 축구 경기장에 있을 수 있잖아요. 고민할 것도 없이 영국 유학을 준비했죠.

좋아하는 일을 하면 고비를 넘길 수 있다고 했잖아요. 맞아요. 제가 이 자리에 오기까지 수많은 고비가 있었어요. 그런데 신기하게도 포기하겠다는 마음을 먹은 적은 한 번도 없어요. 제가 전력분석관을 준비할 때만 해도 이런 직업이 있다는 걸 아는 사람도 별로 없었고, 현장에서 일하는 전력분석관 중에 저처럼 비선수 출신은 없었어요. 없는 길을 만들어서 가야 하니까 당연히 고되고 힘들었죠.

국가대표팀 전력분석관이 되어 축구장에 섰을 때 정말 행복했어요. 그리고 또 깨달았죠. 제가 축구를 좋아하는 만큼이나 분석하는 것도 좋아하고 적성에 맞다는 것을요. 제가 하는 분석이 팀에 기여할 때 느끼는 뿌듯함 또한 무엇과 바꿀 수 없는 행복이에요.

이 책을 읽는 청소년 중에 혹시 저처럼 선수는 아니지만 좋아하는 스포츠 종목의 경기 현장에 서 있고 싶은 사람이 있나요? 내가 될까? 할 수 있을까? 망설이지 말고 도전하세요.

꿈은 이루어집니다!

첫인사

편 토크쇼 편집자

김 축구 전력분석관 김보찬

편 안녕하세요? 잡프러포즈 시리즈에 함께해 주셔서 감사합니다. 소개를 부탁드립니다.

김 안녕하세요. 저는 대한축구협회에서 전임 분석관으로 일하고 있고, 전주대 경기지도학과 겸임교수로 강의하고 있는 김보찬입니다. 2008년도에 영국에 있는 카디프 메트로폴리탄 대학에서 석사과정을 하면서 전력분석관의 길을 걷게 되었습니다. 공부하면서 웨일즈 축구협회에서 주니어 분석관으로 일했고, 스완지시티 유소년 팀 분석관으로도 있었습니다.

편 국가대표 전력분석관으로 일 한지는 얼마나 되었나요?

김 2016년부터 대한축구협회에서 일했으니까 8년째 이 일을 하고 있습니다. 처음에는 유소년 팀 및 여자대표팀 맡았고 현재는 남자대표팀을 맡고 있어요.

🔵편 처음부터 축구 전력분석관의 꿈을 꾸셨나요?

🔵김 아니요. 어렸을 때는 이런 직업이 있다는 것도 알지 못했어요. 제가 어렸을 때는 오직 축구선수가 되는 게 꿈이었어요. 선수가 되는 걸 포기하면서 축구장으로 다시는 들어가지 못할 거라고 생각했었죠. 대학에 진학하고 나서 축구의 현장에 있고 싶다는 저의 꿈을 찾게 되었습니다.

🔵편 어떤 계기로 청소년들을 위한 잡프러포즈 시리즈의 출판 제안을 수락해주셨나요?

🔵김 세상엔 좋은 직업도 많고, 돈을 많이 버는 직업도 많아요. 그런데 그런 직업을 가지고도 행복하지 않은 사람들도 많더군요. 왜 행복하지 않을까 생각해 봤더니 남들이 보기에 좋은 직업이라도 자신이 좋아하지 않으면 재미가 없는 거예요. 저는 청소년들이 자신이 좋아하는 것이 뭔지 찾을 수 있으면 좋겠다고 생각해요. 그런데 좋아하는 것을 알고 있어도 그와 관련해서 어떤 직업이 있는지 몰라서 고민하는 친구들도 있을 거예요. 예전에 제가 그랬던 것처럼요. 요즘 전주대에서 강의할 때나 축구협회에서 전력분석관 전문가 과정에서 강의할 때 전력분석관에 관심 있는 사람이 많다는 걸 체감하고 있어요. 선수 출신도 많지만 비선수 출신도 많아요. 안타까운 것은 아직 우리나라에 전력분

2022 카타르 월드컵 출전

석관이 되는 과정이 체계적으로 만들어져 있지 않다는 거예요. 그래서 이런 직업이 있다는 것도 알리고, 이런 책을 통해서 전력분석관이 뭘 하는 사람이라는 걸 미리 경험하는 기회가 되었으면 하는 마음이 들었어요. 청소년들이 진심으로 자신의 진로를 고민하는 기회가 되니까 큰 의미가 있겠다는 생각도 했습니다.

편 전력분석관이 무엇을 하는지 잘 모르는 청소년도 많이 있을 것 같아요. 간단하게 소개해 주세요.

김 모든 스포츠 종목의 꽃은 선수예요. 예전에는 선수가 되려면 타고나야 한다고 생각했어요. 그 말도 어느 정도는 맞지만 좋은 선수는 만들어지기도 해요. 스포츠 과학이 발전하면서 선수가 타고난 감각만으로 좋은 결과를 내는 시대는 지나갔어요. 좋은 선수가 과학적인 분석을 바탕으로 훈련했을 때 더 좋은 결과를 내는 게 당연한 시대가 되었어요. 전력분석관은 이렇게 선수들의 경기 수행능력을 향상시키기 위해 데이터를 분석하고 훈련하는 방법을 찾아내는 일을 하는 사람이에요. 특히나 팀 경기를 하는 축구와 농구, 배구, 야구 같은 종목은 선수 개인의 실력뿐 아니라 선수들이 협력해서 수행해야 할 전술과 기술도 필요해요. 전력분석관은 선수들이 좋은 경기를 해서 최상의 결과를 낼 수 있도록 돕는 역할을 하죠. 그래서 거의 모든 스포츠 종목에서 전력분석관을 두는 건 선택이 아니라 필수가 되었어요. 이것을 뒷받침하는 좋은 예가 베트남 축구 국가대표팀이에요. 축구 실력이 좋지 않았던 베트남은 박항서 감독님을 영입하고 나서 비약적인 발전을 했어요. 그 발전을 이루는 데 전력분석관의 노력이 큰 몫을 했죠.

편 스포츠 종목에서 전력분석관을 두는 게 선택이 아니라 필수가 되었다는 말씀 잘 들었습니다. 그럼 이제 전력분석관의 세계를 만날 준비가 되셨나요? 지금부터 잡프러포즈 시리즈 『눈으로 뛰며 승리를 만들어가는 축구 전력분석관』편을 시작하겠습니다.

축구
전력분석관이란

편 전력분석관은 누구인가요?

김 전력분석관을 영어로 'Performance analysis'라고 해요. 경기뿐만 아니라 경기를 준비하면서 일어나는 모든 일들, 즉 훈련설계부터 시행 그리고 훈련 평가까지 모든 과정에 관여하는 스태프라고 생각하면 될 것 같아요.

예전에는 전력분석관을 '비디오 분석관' '경기분석관'이라고도 했어요. 영상이 지금처럼 발전되지 않았을 때 주로 비디오 영상을 보면서 분석했기 때문에 그렇게 불렀죠. 그런데 비디오 분석관이라는 단어는 분석관의 역할을 비디오 영상편집을 담당하는 사람으로 한정하고 있는 문제가 있어요. 그때도 데이터를 가지고 분석을 했고, 경기를 보면서 분석하는 일을 했는데도요. 경기분석관, 그러니까 'Match analysis'도 정확한 용어는 아니에요. 'Match=경기'라고 해서 경기에서 일어나는 일들을 분석한다는 개념인데요. 이 또한 분석관의 역할을 '경기' 즉 90분간 일어나는 일들만 분석하는 역할로 한정하는 느낌이에요. 분석관이 단순히 경기 중에 일어나는 일들만 분석하는 것은 아니니까요.

선수들에게 피드백하는 전력분석관

아마도 우리나라는 전력분석관이 도입된 지 20여 년밖에 되지 않아서 이런 오해가 생긴 것 같아요. 아직도 가끔 분석에 대한 전문성을 인정해 주기보다는 컴퓨터를 잘 다루거나 카메라 촬영을 하는 사람, 또는 비디오 편집관으로 인식하는 경우도 있거든요. 하지만 외국에서는 오래전부터 스포츠 분석이라는 학문이 매우 체계적으로 적립되어 있어요. 또 실제로 현장에서는 한 명의 분석관이 아닌 하나의 팀으로 운영되는 전문적인 시스템을 갖추고 있죠. 지금 우리나라도 그러한 방향으로 나아가고 있는 중이고요.

전력분석관이 하는 일은 무엇인가요?

편 전력분석관이 하는 일은 무엇인가요?

김 다섯 가지로 요약할 수 있겠는데요. 첫째, 선수들에게 동기부여를 하는 동영상, 즉 모티베이션 비디오motivation video를 만들어요. 둘째, 교육용 영상도 만들어요. 교육 대상은 선수들도 있고 지도자나 예비분석관도 있어요. 셋째, 우리 팀 분석을 하는데, 팀의 전반적인 전술과 경기 수행능력은 물론 선수 개인의 강점과 약점에 대한 분석도 함께 해요. 넷째, 선수들이 훈련하는 모습을 촬영하고 준비한 대로 훈련이 잘되었는지 피드백을 하죠. 다섯째, 상대 팀 분석을 해요. 이건 우리 팀 분석과 마찬가지로 팀 분석과 개인 분석이 포함되어 있어요.

이 모든 일이 선수들의 경기 수행력을 높이기 위한 하나의 과정이에요. 전력분석관이 경기를 분석할 때는 선수들의 움직임을 분석하고, 팀의 전술적·기술적 평가를 한 후에 통계 처리를 거쳐 분석 보고서와 분석의 근거가 되는 편집 영상을 만들죠.

편 이 다섯 가지 일이 모두 중요하겠지만 더 중점을 두고 하는 일은 뭔가요?

김 한 팀에 전력분석관이 여러 명 있으면 역할을 나눠서 할 수 있지만 보통은 혼자서 다 할 수 있는 일이에요. 대신 늘 하는 일과 가끔 하는 일로 구분은 돼요. 분석관이 항상 하는 일은 우리 팀 분석, 훈련 참여, 그리고 상대 팀 분석이에요. 이 세 가지 일은 매우 밀접하게 연결되어 있어요. 이 관계를 알아보려면 코칭 사이클Coaching Cycle에 대해 알아야 해요. 분석관이 처음 할 일은 경기를 관찰하며 촬영하는 거예요. 그리고 경기가 끝나고 바로 분석에 들어가죠. 보통 이틀 이내에 한 경기에 대한 분석이 끝나요. 그다음엔 분석 보고서와 편집 영상을 만들어 코칭 스태프와 함께 선수들에 대한 피드백을 하고 보완해야 하는 부분을 강화할 수 있는 훈련 설계를 해요. 선수들이 훈련에 들어갔을 때 또 관찰하고, 영상 촬영을 하고, 준비한 대로 훈련이 잘되었는지 피드백을 하죠. 이 과정이 모두 끝나고 나서 선수들은 다음 경기를 해요. 이렇게 다섯 단계로 순환하는 것을 코칭 사이클이라고 해요.

이 사이클에 따라 분석관은 앞에서 말한 다섯 가지의 일을 적절한 때 하는 거죠.

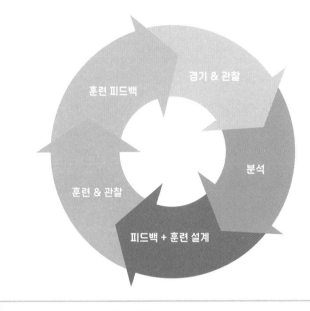

코칭 사이클(Coaching Cycle)

편 동기부여 영상과 교육용 영상은 언제 만드나요?

김 만약 우리 팀이 3연패를 했어요. 그러면 선수들의 사기가 많이 떨어져요. 이럴 때 사기를 높일 수 있는 영상을 만들죠. 외국의 어떤 팀이 연패의 늪에 빠졌을 때 극적으로 회생한 장면이나, 여러 악조건을 가진 팀이 상대 팀을 따돌리고 승리한 경기, 우리 팀이 멋진 플레이를 보인 경기 등등 선수들의 사기를 높일 만한 영상을 찾고 편집해서 보여줘요. 꽤 효과가 있어요.

교육용 영상은 여러 군데에서 쓰여요. 지도자 교육을 할 때도 필요하고, 유소년 선수들을 상대로 필요할 때도 있고요. 이건 교육 대상과 교육 목적에 맞게 그때그때 만들기도 하고, 이미 만들어진 것들을 수정·보완하기도 해요.

경기 분석에 대해 알려주세요

㉠ 경기 분석은 무엇을 말하는 것인가요?

㉢ 경기 분석은 경기 중에 일어난 일련의 사건과 행동을 객관적으로 기록하고 평가하는 거예요. 경기 분석을 통해 팀 경기력을 판단하게 되죠. 동시에 선수 개인과 팀의 약점·강점을 파악하고 필요한 게 뭔지 결정하는 일이고요.

경기 분석은 팀을 승리로 이끌기 위해서 해요. 축구를 예로 들어볼게요. 축구라는 운동은 골을 상대 팀보다 더 많이 넣으면 이기는 스포츠예요. 우리 팀은 골을 넣고 상대 팀에게 실점을 허용하지 않는 것이고요. 그러면 우리 팀이 더 많은 득점을 할 수 있는 기회를 어떻게 만들지 찾아내야 하고, 또 상대 팀이 득점을 할 수 있는 상황을 만들지 않도록 하는 요소들을 찾아야 하죠.

전력분석관은 경기가 끝난 후에 우리 팀의 강점과 약점에 대해서 분석을 해요. 강점은 팀이 더 나은 경기를 할 수 있는 동기로 작용할 수 있고, 약점은 그 원인을 파악하고 보완하는 방향으로 사용할 수 있어요. 또 개인 선수들에 대한 피드백도 해야 하죠.

베트남 지도자 대상 전력분석 교육

이렇게 분석을 하고 피드백을 하고 나면 거기서 그치는 게 아니라 다음 경기를 위한 훈련으로 이어져야 해요. 이번 경기에서 어떤 약점이 있었다는 분석이 나오면 코칭 스태프와 함께 약점을 보완할 훈련 계획을 세우는 거죠.

분석은 우리 팀에 그치지 않아요. 상대 팀의 강점과 약점 분석을 똑같이 분석하죠. 대신에 우리 팀과는 반대로 상대의 강점을 무너뜨릴 방법과 상대의 약점을 이용하는 방법을 찾아서 선수들에게 얘기를 해 줘요. 이런 과정을 분석 프로세스라고 해요.

이렇듯 실제 경기를 조사하고 분석한 내용을 가지고 경기에서 결정적인 부분에 도움을 주어 선수들의 수행 능력을 향상시키는 과정이 코칭 프로세스이고요. 그리고 경기 분석은 경기 전 분석, 경기 중 분석, 경기 후 분석으로 또 나뉘어요. 경기에서 이기겠다는 목표를 두고 이 세 과정이 반복되는 거죠. 이 모든 과정이 경기 분석 시스템이고요.

편 경기 전에 전력분석관이 하는 일은 무엇인가요?

김 경기 전에는 상대 팀 분석을 많이 해요. 상대 팀을 분석하려면 우선 경기 영상이 있어야 하죠. 여기에 국가대표팀과 프로팀의 차이가 있어요. 프로팀들은 항상 경기하는 상대가 정해져 있고, 전력도 다 노출돼 있어서 어느 정도 다음 경기가 예측 가능해요. 필요하면 다음에 맞붙을 상대 팀의 경기를 촬영한다거나 분석관들이 서로 영상을 교환도 해요. 경쟁 관계에 있지만 서로 협조도 하고 영상을 구하는 방법이 어렵지도 않고요.

그런데 국가대표팀은 올림픽이나 월드컵 때 우리한테 익숙하지 않은 나라들과 경기를 해야 하는 경우도 많아요. 어떤 나라들은 팀의 전력이나 대표선수들에 대한 정보가 거의 없어서 우리가 모를 수도 있고요. 이렇게 영상을 구하기 어려운 나라들과 맞붙을 때는 상대 팀이 경기하는 모습이 처음부터 끝까지 녹화된 영상을 제공하는 와이스카웃Wyscout 이나 인스타트Instat라는 회사를 통해 영상을 받아요. 축구협회는 이 회사들과 매년 계약을 해서 전 세계 국가대표팀 영상을 볼 수 있도록 하고 있어요.

영상을 받으면 바로 분석에 들어가요. 보통 세 경기에서 다섯 경기를 보고 영상을 편집해서 분석 영상을 만들고 보고서도 따로 만들어요. 자료에는 상대 팀이 주로 사용하는 포메이션 formation과 세트피스set piece(세트플레이set play라고도 함)에 대한 정보가 담기죠. 그리고 선수 분석이 다 들어가야 하는데, 키 플레이어key player 분석은 반드시 필요하고요.

편 영상을 분석한 후에 하는 일은 뭔가요?

김 편집한 영상 자료와 분석 보고서를 가지고 감독님과 코칭 스태프와 회의하죠. 다섯 경기를 분석한 자료에는 상대 팀이 4-4-2 포메이션을 쓴다고 나왔는데 이게 다가 아니에요. 이 팀이 한 아홉 경기를 봤더니 첫 시작은 4-4-2 포메이션을 쓰다가 득점을 많이 했을 때는 4-2-3-1 포메이션으로 변경이 있었고, 데이터를 다 조사해 봤더니 이 팀은 4-2-3-1 포메이션이 많이 나오는 거예요. 그러면 감독님께 데이터 분석 자료를 본 결과 4-4-2가 아니라 4-2-3-1 포메이션을 일반적으로 쓴다고 말씀드리죠. 그리고 선수 한 명 한 명에 대한 특징을 쭉 보고서에 써요. 선수의 나이, 주소, 소속팀은 기본이고 몇 번 출전했는지 어떤 특징이 있는지 2분 안에 설명해요. 선수 개인에 대한 영상도 짧게 준비하고요. 그다음에는 이 팀에서 누가 키 플레이

훈련 촬영 및 경기 전 분석 준비

어로 많이 중용되었는지와 같은 내용을 설명하죠. 이때 전력분석관은 단순히 영상을 보기 좋게 편집하는 일보다는 수많은 데이터를 수집하고 분석하는 데 더 큰 비중을 두고 일을 하죠.

편 상대 팀의 분석이 끝난 후에는 무엇을 하나요?

김 이런 과정을 거쳐서 상대 팀과 경기할 훈련 프로그램이 만들어져요. 이제 선수들이 훈련에 들어가면 또 훈련 분석을 하기 위해서 훈련하는 모습을 다 촬영해요. 혹시 훈련에서 잘 안 되는 게 있으면 분석한 내용을 가지고 선수들이랑 미팅할 때도 있어요. 선수들에게 안 되는 부분을 영상으로 보여주면 확실히 효과가 있어요. 이렇게 경기가 있을 때까지 훈련하고 피드백하는 과정을 반복하죠.

경기 시작 전에 더 점검할 것은 무엇인가요?

🔵편 경기 시작 전에 더 점검할 것은 무엇인가요?

🔵김 국가대표팀 경기는 보통 일주일 전에 선수 명단을 발표하게 되어있어요. 그러면 상대 팀의 선수 명단에 변화가 얼마나 있는지 파악해요. 기존 선수들 중에서 누가 빠지고 누가 새롭게 들어왔는지 확인하는 거죠. 그런데 여기서 끝이 아니에요. 선수 명단을 일주일 전에 발표했더라도 막상 경기하는 날이 오면 또 변화가 있을 수 있어요. 부상당한 선수가 있거나 경고 누적으로 출전할 수 없는 선수가 생겨서 새 선수로 바뀔 수도 있거든요. 분석관은 이런 일에 대비하고 있어야 해요. 그래서 경기하는 날 받아본 선수 명단에서 제가 모르는 사람이 한 명도 없어야 하는 거죠. 만약 한 명이라도 모르는 선수가 있다면 그건 제가 분석을 잘못한 거고, 철저하게 준비하지 못한 거예요. 선수가 교체된 경우는 왜 이 선수가 안 나오는지 그 이유를 아는 것도 필요해요. 특별한 이유 없이 교체되었다면 전술이 달라질 수도 있거든요.

특히 중동에 있는 나라의 대표팀 같은 경우는 정보 공유가 잘 안 돼서 충분한 자료를 얻기 위해 대표팀 인터넷 사이트에

경기 전 준비

직접 방문해서 공개된 정보를 먼저 수집해요. 그리고 선수들 개인 페이스북이나 트위터, 인스타그램 등 SNS도 들어가서 정보들이 맞는지 확인도 하고요. 한국 기사로만 보고 선수들의 역량을 평가하는 것은 위험해요. 기사가 틀렸을 수도 있어서 철저하게 검증해야죠.

🔵 어떤 국가와 경기하느냐에 따라 점검해야 할 것들이 다르군요.

🔵 네. 국가대표팀 경기는 변수가 많아요. 가끔 경기를 앞두고 상대 팀 감독이 바뀌는 일도 있어요. 감독이 바뀌면 경기에 변화가 생겨요. 그럴 때는 그 감독이 이전에 맡았던 팀의 경기를 빨리 분석하죠. 어떤 포메이션을 주로 썼는지, 어떤 세트피스를 구사하는지 조사해서 우리팀이 대응할 수 있도록요.

경기 중에도 분석을 하나요?

 경기 중에도 분석을 하나요?

 경기 중에 실시간으로 분석하는 것도 전력분석관이 할 일이에요. 요즘엔 기술이 발전해서 촬영하는 영상이 실시간으로 컴퓨터에 저장이 되고, 이 장면을 캡쳐할 수도 있어요. 경기 중 분석은 진짜 완전 실시간이라서 되게 긴장되는 일이죠. 또 빠르게 문제점을 잡아내야 하니까요.

경기할 때는 팀을 이뤄서 분석해요. 저랑 함께 촬영하는 분석관과 골키퍼 코치 이렇게 세 명이요. 저는 경기장 맨 꼭대기에서 촬영하면서 경기장 안에 설치된 모든 카메라의 영상을 실시간으로 보다가 문제가 될 장면이 나오면 분석하고 편집해서 바로 감독님이 있는 벤치로 보내요. 거기도 컴퓨터가 있어서 실시간 소통이 가능하거든요. 이렇게 하는 이유는 벤치에서 경기를 보는 각도보다 경기장 위에서 보는 각도가 훨씬 정확하기 때문이에요. 그래서 선수들의 움직임을 가장 잘 볼 수 있는 영상을 벤치에서 볼 수 있도록 하는 거죠.

감독님은 전반전이 끝나고 선수들이 락카룸에 들어왔을 때 빔을 연결해서 선수들에게 두세 장면 보여줘요. 전반전에 안

2022 카타르월드컵 경기 촬영 준비

된 것 중에서 가장 중요하다고 판단되는 것과 개선해야 되는 것에 대한 코치를 하죠.

편 경기하는 도중에 급히 알려야 할 사항이 생기면 어떻게 소통하나요?

김 경기에 영향을 미치는 일이 생겼을 때는 워키토키를 사용해서 바로바로 벤치와 소통을 해야 해요. 제가 경기 초반에 보는 것은 우리가 예측했던 대로 상대 팀이 경기를 펼치는지 비교하는 거예요. 상대 팀이 예상했던 대로 나와도 벤치에 알리고, 변화된 게 있으면 어떤 게 달라졌는지 파악해서 빨리 벤치에 알리죠. 특히 우리 팀의 경우 공이 있는 곳의 반대편에 있는 선수들이 수비 위치를 잘 잡고 있는지 파악하는 것도 중요해요. 있어야 할 위치에서 벗어난 선수가 있으면 코칭 스태프가 볼 수 있게 관련 영상을 보내서 바로잡을 수 있도록 도움을 주고요.

경기 후 분석은 어떻게 이루어지나요?

편 경기 후 분석은 어떻게 이루어지나요?

김 경기가 끝난 후에는 우리 팀이 잘한 것은 무엇이고 어떤 부분을 발전시켜야 하는지 평가해요. 그래서 잘한 부분과 더 잘할 수 있는 부분에 대한 영상을 만들어서 영상 미팅을 해요. 이때는 경기가 어떻게 끝났는지에 상관없이 긍정적인 피드백을 항상 먼저 하고 있어요. 처음부터 이거는 더 잘했어야 하는데 누가 못했고 누가 실수했다는 것을 먼저 지적하면 선수들이 집중을 잘 못 하거든요. 분석 미팅의 목적이 다음 경기에서 더 잘하자는 거니까 선수들이 받아들일 수 있도록 배려하는 거죠.

그리고 이번 경기만 가지고 분석 미팅을 하지는 않아요. 우리 팀의 경기 데이터와 선수들의 데이터를 가지고 팀이나 개인이 얼마나 발전해 왔는지 지표를 만들어요. 선수들이 경기를 잘했던 영상도 쭉 모아서 하나로 만들어 보여주면서 나중에 경기할 때 이렇게 잘 된 것을 계속 발전시켜 나가자고 격려하면 선수들에게 동기부여도 되니까요.

편 분석 보고서와 편집 영상은 언제까지 만들어야 하나요?

김 한 경기에 대한 분석 결과 보고서는 경기가 끝나고 하루나 이틀 안에 반드시 만들어야 해요. 대회에 따라서 조금 다르기는 하지만 보통 일주일 후에 다음 경기가 있어요. 경기 다음날 하루는 선수들이 휴식을 취하는데 그 시간에 분석관들은 잠 잘 시간을 아끼고 밤을 새워가며 분석 결과물을 내죠. 그리고 분석 미팅을 하고 나머지 4~5일 동안 다음 경기를 위한 훈련을 해요.

경기 분석을 위한 촬영

편 경기 후 분석은 왜 중요한가요?

김 경기 후 분석을 바탕으로 앞으로의 훈련 계획을 짜기 때문에 매우 중요해요. 이 경기에서 가장 큰 문제점이 무엇이고, 이 문제를 극복하려면 어떤 식으로 훈련 프로그램을 만들지 계획하는 데까지 이어지니까요. 선수들의 역량을 키우는 훈련 프로그램은 코칭 스태프와 의논하면서 만들어요. 그래서 전력분석관이 지도자 자격증을 가지고 있으면 훈련 프로그램을 짤 때

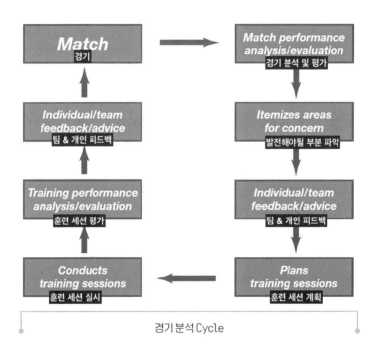

경기분석 Cycle

훨씬 좋아요. 저도 지도자 자격증을 가지고 있어요. 아직 우리 나라 분석관들 중에는 지도자 자격증을 가진 사람들이 많지는 않은 것 같아요. 외국의 경우는 거의 모든 분석관이 지도자 자격증을 가지고 있죠.

팀 분석을 할 때 중심에 두는 것은 무엇인가요?

편 팀 분석을 할 때 중심에 두는 것은 무엇인가요?

김 팀이 추구하는 철학이 무엇인가에 따라 주목해야 할 항목이 달라져요. 골키퍼부터 다이렉트 타겟형 공격을 선호하는 팀이 있어요. 그러면 이 팀은 슛을 쏜 후 다시 공을 잡게 되는 세컨볼second ball을 얼마나 많이 쟁취해서 공격하느냐가 분석의 중요한 항목이 될 수 있어요. 반대로 짧은 패스로 공격하는 것을 선호하는 팀이라면 얼마나 공간을 활용하는가가 주요 분석 항목이 되는 거죠. 그래서 분석할 때 모든 데이터를 기계적으로 활용하는 것은 도움이 되지 않아요. 이 팀의 경기력을 판단할 수 있는 가장 적절한 요소들을 고민하고 찾아내는 게 경기 분석의 핵심이죠. 그리고 우리 팀을 분석할 때와 상대 팀을 분석할 때 봐야 할 것도 다르고요.

편 데이터를 기계적으로 활용할 때 문제점은 무엇인가요?

김 영국의 맨유Manchester United FC와 네덜란드의 아약스AFC Ajax가 경기했던 영상이 있어요. 이 경기의 데이터를 분석했더니 아약스가 공 점유율이 68.9%였고 맨유가 31.1%였어요. 또 슈팅도 아약스가 17번 했고 맨유는 7번 했어요. 데이터 분석으로만 보면 아약스가 이겨야 하는 경기죠. 그런데 맨유가 이겼어요. 또 다른 예를 들면, A팀과 B팀이 경기를 하는데 골 포지션이 39 대 64로 나왔고, 패스도 268 대 584로 A팀이 열세였어요. 반대로 B팀은 패스 정확도도 70%로 매우 높았고요. 이 데이터를 보면 B팀이 이겼을 거라고 예상하는데, 아니에요. A팀이 이 겼어요. 이렇게 데이터의 결과와 경기의 결과가 차이가 날 때는 어떤 요인이 승리를 이끌었는가를 보는 게 중요해요. 그게 승리한 팀의 강점이기도 하니까요. 만약 우리 팀이 A팀과 경기를 하려고 준비할 때 그 데이터만 놓고 상대 팀의 전력을 다 파악했다고 할 수는 없어요. 경기 분석을 하는 이유가 우리 팀의 경기력을 향상시키는 거니까 A팀을 승리로 이끌었던 데이터를 뽑아야 의미있는 분석이 되는 거죠.

경기가 끝난 후 팀 전체가 모여 평가를 하나요?

편 경기가 끝나고 나서 하는 일은 뭔가요?

김 경기 분석 평가를 하고 난 다음에는 팀 전체가 모여서 분석 미팅을 하고 선수들 개인에 대한 피드백을 해요. 팀 전체가 봐야 할 장면을 함께 보고 어느 부분이 잘못되었는지 확인하죠. 예를 들어 한 선수가 슬라이딩을 할 때 파고 들어가야 하는 공간이 있고, 다른 선수가 확보해 줘야 하는 공간이 있죠. 또 한 선수가 나가면 안 되는 곳에서 나갔을 때 공간이 비면 상대편 선수에게 기회를 주게 되니까 다른 선수가 공간을 내주지 않도록 움직여야 하고요. 이렇게 팀으로 움직여야 하는 장면은 애니메이션으로 만들어서 설명하면 선수들이 명확하게 인식할 수 있어요. 그리고 분석한 대로 훈련에 적용하죠.

편 선수들에게 피드백할 때 주의해야 할 점이 있나요?

김 선수 개인이 발전시켜야 할 부분을 파악해서 개인 피드백을 해요. 어떤 선수가 경기 중에 크로스를 너무 많이 허용했다면 그 경기에서 선수가 허용한 크로스 장면과 횟수를 정확하게 제시하고, 상대가 크로스를 하려고 할 때 수비자세가 어땠

는지 보여줘요. 그리고 크로스를 허용하지 않는 수비 훈련을
계획하죠.

선수들에게 피드백을 할 때 기억에 의존해서 아까 이렇게
했다고 지적하는 것은 효과가 별로 없어요. 코칭 스태프와 선수
의 기억이 서로 다를 수 있고 정확하지 않은 경우도 많거든요.
때로는 선수들의 마음이 상해서 역효과가 나기도 하고요. 그래
서 데이터에 근거한 정확한 피드백이어야 선수들이 성장하는
데 도움이 되죠.

선수 개인의 분석 보고서는 어떻게 활용하나요?

편 국가대표팀에 있는 선수들은 모두 기량이 뛰어나잖아요. 그런 선수들의 경우 무엇을 중점적으로 봐야 할까요?

김 제가 영국 웨일스 축구협회에서 일 할 때 레이 윌킨스^{Ray}라는 당시 첼시^{Chelsea FC}의 수석코치를 만난 적 있어요. 운 좋게도 제가 그 사람 바로 옆에 앉았죠. 그래서 제가 물어봤어요. 가장 궁금했던 게 첼시같은 최고의 팀에서는 경기가 끝난 후 선수에 대한 데이터를 받으면 어떻게 활용할까 하는 거였든요. 당시 첼시는 프로즌^{Prozone}이라는 회사에서 경기 분석 데이터를 받고 있었어요. 경기가 끝나면 선수 한 명당 책 한 권에 맞먹는 분량의 보고서를 받았다고 해요. 윌킨스 코치가 하는 말이 디디에 드로그바^{Didier Drogba} 선수에 대한 보고서는 반 페이지만 보고 버린대요. 그게 뭐냐고 물었더니 스프린트 횟수랑 스프린트 속도래요. 드로그바 선수가 그때 30대 초반으로 완성형 선수이고 전성기를 맞은 선수이기 때문에 기술적인 것만 보고 다른 건 볼 필요가 없대요. 중요한 건 이 선수가 얼마나 성장하고 있느냐가 아니라 얼마나 피로도가 쌓였는가를 판단하는 거였어요. 스프린트를 많이 해서 피로가 쌓였다면 훈련의 강도를 낮

취서 다음 경기에 대비해야 하니까요. 그래서 선수 연령이나 상황에 따라 봐야 할 데이터가 다르다는 걸 알았죠.

편 선수에 따라 중요하게 살펴봐야 할 데이터가 다르다는 거네요. 그럼 어떤 선수냐에 따라 피드백의 내용도 달라지나요?

김 예를 들어 손흥민 선수가 어느 경기에서 패스 미스를 했어요. 실수를 한 거죠. 그때 경기가 끝나고 손흥민 선수에게 기술적인 내용을 설명하는 게 의미가 있을까요? 이미 완성형 선수라서 본인이 제일 잘 알고 있을 거예요. 그런데 굳이 그걸 분석관이 피드백할 이유가 없죠. 이런 선수들의 경우는 무엇보다 피로도를 파악하는 게 중요해요. 경기마다 평균 10회 정도의 스프린트를 하는 선수가 어떤 경기에서는 횟수가 6, 7회로 줄고 속도도 좀 줄었다면 피로도가 쌓였다고 볼 수 있어요. 피로가 쌓이면 부상 당할 위험이 높아져요. 그럴 때는 출전 시간을 조정해 준다거나 하는 방식으로 회복의 시간을 가져야 해요.

반대로 아직 성장하고 있는 유소년 선수들의 경우는 기술적인 피드백이 중요해요. 이럴 땐 이렇게 하면 더 좋다거나, 자세와 각도를 바로잡는다거나 하는 방식으로 실수를 줄이는 방법을 알려주는 거죠.

선수의 상황과 나이에 따라
피드백의 내용과 형식이 다른가요?

🔵 선수의 나이나 상황에 따라 경기 후 만들어야 하는 영상이나 피드백이 달라진다고 이해하면 될까요?

🟢 네. 어린 선수들의 경우 경기가 끝난 후 영상을 만들 때는 좀 길게 만들어요. 자신이 경기하는 모습을 좀 길게 노출시켜서 직접 눈으로 보는 기회를 주는 게 효과적이에요. 예를 들어 어떤 선수의 데이터를 봤더니 백패스가 너무 많았어요. 영상을 찾아봤더니 볼을 받는 위치에 문제가 있었거나, 1 대 1로 붙었을 때 자신감이 없었다거나 하는 모습을 확인할 수 있었어요. 그러면 그 영상을 보여주고 선수 자신이 문제점을 확인하도록 해요. 말로만 하면 잘 기억나지 않을 수도 있는데 영상은 객관적인 자료거든요. 그리고 1 대 1로 붙었을 때 자신이 없는 선수라면 따로 영상을 찾아서 보여주기도 해요. 이 선수와 비슷한 스타일로 뛰는 유명한 선수의 영상을 보여주면서 동기부여를 하는 거죠. 그 선수도 비슷한 고민을 했었는데 보강 훈련을 했더니 이렇게 극복했다는 얘기도 하면서요.

편 유소년 선수들의 경우 동기부여를 한다거나 자세를 교정해주는 등 성장에 필요한 내용으로 영상을 편집하고 피드백을 하는군요?

김 유소년 선수들에게는 이렇게 교육용 영상을 만들어서 보여주는 것도 굉장히 중요해요. 시간이 있을 때는 호나우도가 얼마나 자기 관리를 잘했는지 알 수 있는 기사도 보여주면서 훌륭한 선수가 되려면 이렇게 준비해야 한다는 이야기도 나누고요. 또 박지성 선수가 평발이었는데 자기가 평발인지도 모르고 뛰었다는 이야기를 하는 영상도 같이 봐요. 세계적인 선수인데 이런 약점도 있었다는 걸 아는 건 어린 선수들에게 매우 중요해요. 제가 박지성 선수를 예로 들면서 어린 선수들에게 하는 얘기가 있어요. 세상엔 기술적으로 엄청나게 뛰어난 선수들이 많다, 하지만 자기가 잘하는 것에 집중해서 실력을 키우면 그 선수를 필요로 하는 팀이 반드시 있다. 축구는 팀을 이뤄서 하는 스포츠라 혼자서 만능 플레이어가 될 필요가 없어요. 자기 포지션에서 강점을 가지고 있으면 되거든요. 예를 들어 다른 건 못해도 엄청 빠른 선수, 어떤 건 잘 못하는데 슈팅력은 뛰어난 선수라면 부족한 부분을 채우려고 하기보다는 잘하는 것을 더 발전시킬 필요가 있어요. 다시 한번 말하지만, 축구는 팀이 하는 경기예요. 그 선수들이 못 하는 걸 다른 선수들이 보강해 주면 충분히 좋은 경기를 할 수 있거든요. 어떻게 보면 한 가지를 뛰어나게 잘하는 선수들이 많이 살아남는 것 같아요.

편 동기부여가 충분히 된 유소년 선수들에게 준비된 일은 뭔가요?

김 그다음에는 문제점을 극복하기 위한 훈련을 하는 거죠. 훈련을 시작하기 전에도 애니메이션 영상을 만들어서 보여줘요. 오늘은 이런 훈련을 할 거라고 미리 알려주고 훈련에 들어가면 선수들이 무엇을 해야 할지 인지하고 있어서 훨씬 효과적이에요.

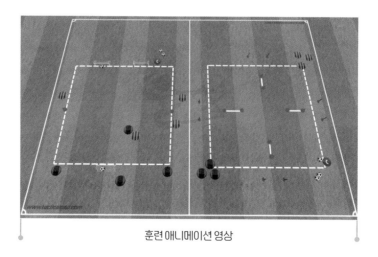

훈련 애니메이션 영상

편 성인 선수들의 경우 어떻게 피드백을 하나요?

김 성장하는 어린 선수들에게는 이렇게 하지만, 성인 선수들의 경우는 핵심적인 부분만 전달하고 체력을 회복시키는 데 중점을 두죠. 그리고 상황에 따라 또 피드백이 달라요. 경기 전에는 좀 더 세세하게 들어가서 고칠 수 있는 것을 많이 제시하지만, 대회가 열리고 있는 중에는 상대 팀 분석에 초점을 맞추고 우리 팀의 경우는 당장 고칠 수 있는 것들만 제시해요. 고치는데 시간이 오래 걸리는 것들은 대회가 끝난 후에 다시 피드백을 하고요.

한 경기를 위해 여러 종류의 영상을 만드나요?

편 한 경기를 위해 어떤 분석 영상을 만드나요?

김 기본적으로 상대 팀 경기를 분석한 영상을 만들고요, 선수들에 대한 영상을 따로 만들어요. 감독님이 보는 영상은 2분에서 3분 정도로 짧게 만들어서 보여드리고 코치님이 보는 영상은 좀 길게 잡아서 만들죠. 감독님이 볼 영상은 경기 영상이든 선수 영상이든 아주 특징적인 것들을 축약해서 만든다고 생각하면 돼요.

그리고 선수들이 함께 볼 경기 영상을 만들죠. 선수들이 볼 영상도 역시 가장 중요한 핵심만 볼 수 있도록 축약해요. 영상을 보면 보고서를 보는 것보다 이해가 빨라서 주로 영상을 많이 활용해요.

경기 분석은 왜 중요한가요?

편 분석관이 하는 일 중에 경기 분석이 가장 중요한 것 같아요. 경기 분석을 왜 해야 하는지 알려주세요.

김 1996년에 국가대표 코치들이 경기 후에 얼마나 기억하는지 조사한 것이 있어요. 그 결과에 따르면 코치들이 결정적인 장면의 42%만 기억하고 있었다고 해요. 또 2016년의 한 조사에서는 유소년 엘리트 선수 코치 6명이 기억에 의존해서 10명의 유소년 선수의 수행평가를 했더니 정확도가 40%도 안 됐다

선수들에게 피드백할 내용은 단순하고 명쾌하게

는 결과가 나왔어요. 이렇게 경기가 끝나고 기억에 의존해서 피드백을 하는 경우 정확도가 떨어져서 오히려 선수들의 경기력 향상에 도움이 되지 않는 경우가 많아요.

대신에 영상 기록은 매우 정확해요. 경기 중이거나 경기가 끝나고 영상 분석한 결과로 선수들에게 피드백을 하는 게 훨씬 정확하고 선수 개인이나 팀의 경기력 향상에 도움이 될 수밖에 없죠. 그래서 객관적인 기록과 영상을 통한 분석으로 선수들의 경기 수행능력을 향상시키려고 경기 분석을 하는 겁니다.

경기 분석엔 어떤 분야가 있나요?

편 경기 분석엔 어떤 분야가 있나요?

김 학문적으로는 분석을 전술분석Tactical Analysis, 기술분석Technical Analysis, 물리적 분석Physical Analysis, 신체역학분석Biomechanic Analysis, 이렇게 네 분야로 나누고 있어요.

전술분석은 어떻게 경기를 할지 전술을 짜는 것을 말해요. 여러분이 많이 들어본 포메이션formation을 예로 들어볼게요. 포메이션은 4-4-2, 4-3-3, 4-2-3-1, 3-4-3과 같이 수비는 몇 명, 미드필드는 몇 명, 공격은 몇 명이 할 건지 공격 진영을 구성하는 것부터, 상대의 허를 찌르며 역습할 패턴과 수비할 때 전방 압박을 하는 방법까지 아우르는 전술이죠. 이 외에도 여러 전술이 있는데 우리 팀의 전술은 어땠고, 상대 팀의 전술은 어땠는지 전반적으로 분석해요.

기술분석은 말 그대로 스킬을 분석하는 거예요. 패스가 얼마나 정확하게 이루어지는지, 슈팅의 성공률은 얼마인지 데이터를 통해 분석해요. 또 수비할 때 상대의 공격 흐름을 끊는 태클은 얼마나 잘하는지, 공중볼 경합이나 상대방 압박은 잘하는지도 포함돼요. 이 외에도 축구 경기 기술을 모두 분석해요.

🔵 편 전술분석과 기술분석은 축구 경기 중계방송에서도 많이 들어서 그런지 익숙해요. 그런데 물리적 분석은 무엇인가요?

🔵 김 물리적 분석은 간단하게 말해서 선수들이 한 경기 동안 뛴 거리를 측정하는 건데요, 카테고리가 매우 세분화되어 있어요. 걷기만 했던 거리, 살짝 뛰었던 거리, 속도감 있게 뛰었던 거리, 그리고 스프린트sprint라고 전력 질주한 거리도 측정해요. 이걸 측정하는 데는 여러 이유가 있지만 그중 가장 큰 이유는 선수가 한 경기를 소화할 수 있는 체력, 즉 선수가 감당할 수 있는 체력을 계산하기 위해서죠. 특히 스프린트는 횟수와 거리도 중요한데요. 경기 중에 스프린트를 많이 한 선수는 경기가 끝나고 훈련할 때 강도를 낮춰야 해요.

예를 들어 한 선수가 경기 중에 스프린트를 10회 정도 했다면 많이 피곤할 거예요. 그러면 훈련할 때 경기 때의 50%, 5회만 하도록 하는 거죠. 물리적 분석은 이렇게 훈련의 강도를 조절하기 위해 한다고 생각하면 돼요. 그래서 최근에는 피지컬 코치Physical Coach가 이 분야를 더 전문적으로 맡고 있어요. 물리적 분석이 훈련 프로그램을 짤 때 기본이 되는 정보이고 선수들의 신체적 상태를 가장 잘 나타내기 때문에 피지컬 코치가 주로 담당하면서 분석관과 협력하고 있죠.

물리적 분석이 여기서 그치는 건 아니에요. 경기에서 스프린트를 10회 했다면 그것에 대한 상황분석도 이루어져요. 속도는 어땠는지 측정하는 것은 기본이고요, 스프린트를 꼭 해야 할 상황이었는가도 따져보고, 좀 더 효율적으로 할 수는 없었는가 분석도 하죠. 이런 분석을 해야 선수에게 적절한 피드백도 할 수 있으니까요.

🅟 선수들이 걷고 뛰는 거리와 속도를 통해 체력을 측정하고 다음 경기를 위해 회복하는 기회를 주는군요. 그럼 마지막으로 신체역학분석에 대해 알려주세요.

🅚 역학이 축구와 무슨 상관이냐고 생각할지도 모르겠는데요, 선수가 취하는 자세와 각도가 부상과 연결되기 때문에 축구를 포함해 모든 스포츠에서 아주 중요한 부분이에요. 패스할 때, 태클을 걸 때, 슈팅할 때는 물론이고 경기장 안에서 선수가 어떤 행동을 취할 때 가장 적합한 자세와 각도가 있어요. 그런데 자세와 각도가 좋지 않은 상태에서 슈팅을 하거나 태클을 하면 부상을 당할 수 있어요. 축구선수 같은 경우 부상을 당하면 일주일이나 이주일을 쉬게 되는데 이때 구단은 큰 손해를 입게 되죠. 선수들이 부상을 입지 않아야 좋은 경기력을 보여주고 팀의 성적이 좋을 테니까요.

나아가 장기적인 관점에서도 역학적 분석은 매우 중요해요. 만약 어떤 선수의 자세가 좋지 않다면 자세히 관찰해야 해요. 예를 들어 어떤 선수의 자세가 왼쪽으로 살짝 치우쳐져 있다면 그 선수는 왼쪽 다리에 힘을 조금 더 쓰고 있는 거예요. 그

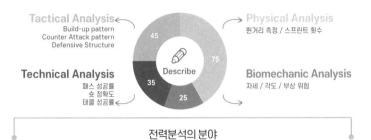

Tactical Analysis
Build-up pattern
Counter Attack pattern
Defensive Structure

Technical Analysis
패스 성공률
슛 정확도
태클 성공률

Physical Analysis
뛴거리 측정 / 스프린트 횟수

Biomechanic Analysis
자세 / 각도 / 부상 위험

45   75   35   25

Describe

전력분석의 분야

러면 왼쪽 다리 근육이 더 피로해지고 무리가 가요. 이게 하루 이틀이라면 괜찮지만 1년, 2년 지나다 보면 결국 왼쪽 다리에 탈이 나게 되죠. 이렇게 잠재적인 부상 요인이 발생하지 않도록 선수의 자세와 각도를 잡아주는 것도 분석관이 할 일이에요. 그리고 어린 선수들 같은 경우는 자세를 잘 잡아주는 것이 개인의 성장을 위해서도 부상의 위험을 줄이는 면에서도 정말 중요해요. 또 부상에서 회복되고 있는 선수의 경우 슈팅을 하는 각도나 자세를 보면 잘 회복되고 있는지, 더 자연스러워지는지 알 수 있어요.

편 신체역학분석은 다른 스포츠에서도 중요하겠네요?

김 축구는 부상과 관련해서 역학적인 분석을 더 많이 하는 경향이 있지만 다른 스포츠의 경우는 경기력 향상을 위해 역학이 중요해요. 야구를 예로 들어볼게요. 어떤 투수가 공을 던지는데

대회 중엔 어디서라도 틈틈이 전력분석을 해요.

눈으로 뛰며 승리를 만들어가는
축구 전력분석관

속도가 많이 안 나와요. 그럼 원인을 알아야 하니까 공을 던지는 자세를 아주 세밀하게 촬영해요. 그리고는 한 프레임 한 프레임 당 분석을 해서 구속이 안 나오는 이유를 분석하죠. 타자도 마찬가지예요. 타석에 들어섰을 때부터 공을 치는 순간까지 자세를 분석하고 그 선수에게 맞는 자세를 찾아요.

사람 몸이라는 게 참 재미있는데요. 다리의 근육량이 많은 게 곧 힘이 센 것도 아니고, 다리 힘이 좋다고 슈팅을 잘하는 것도 아니에요. 축구선수가 슈팅할 때 잘 보세요. 몸 전체가 원심력도 사용하고 반동도 사용해서 발에 힘이 잘 전달되면 속도가 나요. 또 슈팅은 임팩트가 중요해요. 무조건 세게 찬다고 해서 임팩트 순간을 잘 맞추는 것도 아니에요. 그 순간을 잘 포착하는 테크닉도 중요하죠. 이렇게 슈팅하는 자세와 테크닉을 익히도록 하는 게 역학적 분석의 역할이에요.

제가 선수의 자세 이야기를 굉장히 많이 했는데요. 이렇게 선수들의 자세를 기록하고 연구하는 걸 노테이션Notation이라고 해요. 노테이션의 Note는 기록하다는 뜻으로 기록법, 표기법이라고 하죠. 그래서 신체역학분석은 노테이셔널 아날리시스Notation Analysis와 연관이 깊어요. 보통 이 두 개를 합쳐서 학문적으로 전력분석, 즉 퍼포먼스 아날리시스Performance analysis라고 해요. 전력분석관이 가장 신경 써서 해야 하는 분야이고요.

편 축구는 어떤 데이터를 수집하나요?

김 축구는 다른 종목보다 데이터가 더 많은데 분석하는 방법도 세밀해요. 기본적으로는 앞에서 말한 모든 분야의 데이터를 다 수집한다고 보면 돼요. 거기에 더해서 기계적인 숫자가 아니라 상황에 따라 선수의 행동이 적절했는지 판단하는 분석이 추가되는 거예요. 예를 들어 두 선수 A와 B의 패스 성공률을 분석한다고 해 봐요. 선수 A의 패스 성공률은 85%이고 선수 B의 패스 성공률은 90%였어요. 단순한 수치로 보면 B 선수가 더 패스를 잘한다고 판단할 수 있어요. 그런데 자세히 보니까 A 선수는 전진 패스를 많이 했고 B 선수는 백 패스를 더 많이 했어요. 이럴 때는 어떤 패스가 더 쉽고 어려웠는지 상황을 봐야 해요. 보통은 상대 진영에게 압박받는 상황에서 전진 패스를 하기가 더 어려워요. 그렇다면 어떤 선수가 패스를 더 잘한 선수일까요?

편 단순한 수치로 선수의 실력을 판단하는 게 정말 어려운 거군요.

김 네 맞아요. 좋은 공격수라고 하면 예전에는 단순히 골을 많이 넣는 선수를 말했어요. 그런데 골을 넣는 개수만으로 좋은 공격수라고 하기에는 뭔가 부족한 게 있었어요. 예를 들어 골 득점이 같은 두 선수가 있다고 해봐요. 한 선수는 혼자서 수비수를 다 제치고 드리블을 해서 어렵게 골을 넣고, 다른 선수는 누군가 자기한테 패스한 공을 받아 골을 넣어요. 골 득점은 같은데 능력은 다른 거죠. 또 어떤 선수는 어려운 각도에서 슈팅을 해서 골을 넣고 어떤 선수는 운이 좋아 골키퍼가 자리를 비운 틈에 골을 넣었어요. 역시 골 득점은 같은데 능력에는 차이가 있죠.

예전엔 이렇게 골 득점 수라는 데이터만 가지고 단순하게 활용했다면 요즘엔 좀 더 세분화된 데이터를 사용해요. 그래서 기대 득점 xG라는 항목이 생겼어요. 똑같이 한 골을 넣었다고 해도 어려운 상황에서 골을 넣은 선수에게 높은 점수를 주는 거죠. 축구는 워낙 많은 변수가 있어서 결과를 예측하기 어려운 스포츠예요. 그렇지만 데이터를 좀 더 깊이 있게 활용해서 과학적인 분석으로 경기력을 향상시키려고 하고 있어요.

믿을만한 데이터라는 것을 어떻게 알 수 있나요?

🔵 믿을만한 데이터라는 것을 어떻게 알 수 있나요?

🔵 분석 시스템은 믿을만한 데이터를 통해 이뤄져야 하고 그게 검증이 되어야 해요. 그래서 마련된 게 신뢰성 테스트Reliability test 예요. 신뢰성 테스트는 분석 시스템을 만든 후 얼마나 객관적인지 검사해서 어떤 분석관이 이 시스템을 사용하더라도 오차 범위 내에서 같은 결과가 나오도록 하는 것을 말해요. 해외에서는 이미 프로즌Prozone 이나 옵타 프로OPTA PRO 등 분석 전문회사에서 신뢰성 테스트 관련한 논문을 내서 자신들의 분석 시스템이 얼마나 객관적인지 스스로 보여주고 있어요.

예를 들어서 같은 영상을 보고 한 분석관이 롱패스 회수가 8회였다고 기록하고, 다른 분석관은 7회였다고 분석했어요. 그러면 에러를 계산하는 계산법에 따라 계산했더니 오차가 1.33%로 나와요. 보통 에러의 범위가 5% 이내이면 신뢰성이 있다고 간주해요.

Formation - % Error
[mod(V1-V2) / V mean] * 100

Actions	Analysis 1	Analysis 2	Mod V1-V2	V1 +V2/2	% error
Long Pass	8	7	1	7.5	13.333333
Short Pass	45	45	0	45	0

- **5% error**
  Brown and Hughes(2004) Taylor et al(2004)   Scoulding et al(2004)

- **Pitch-20%**
  Brown and Hughes(2004), 10% Taylor et al(2004)

Reliability test 방법

경기 분석의 역사는 어떻게 되나요?

편 경기 분석은 언제부터 시작되었나요?

김 경기 분석의 시작은 댄스의 동작을 표기법으로 기록했던 '댄스 노테이션Dance notation'으로 거슬러 올라가요. 19세기 말에 댄스 동작을 기호로 표기하고 기록하는 방법이 처음 세상에 나왔어요. 한 동작을 했을 때 팔과 다리, 머리 등의 방향과 거리, 동작의 시간 등을 표기한 댄스 표기법었죠. 이것을 스포츠에 제일 먼저 응용한 종목은 테니스였어요. 1883년도에 테니스 동작을 댄스 표기처럼 기호로 만든 게 경기 분석의 시작이에요. 1900년도에는 테니스 자세를 좀 더 세분화해서 번호를 매기고 어떤 동작을 몇 번 했는지 횟수를 기록했어요. 그리고 이것을 다 수기로 기록하기 힘드니까 단순화한 기호로 만들었고요. 이어서 아메리칸 풋볼, 복싱도 신체의 움직임을 기호화해서 기록하기 시작했죠.

축구에서 본격적으로 경기 분석이 시작된 건 1950년대였어요. 그때는 여러 항목을 만들어 놓고 사람이 눈으로 확인한 것을 적는 형태였어요. 패스, 태클, 슛 몇 번 이렇게요. 기억하는 것보다는 나았지만 눈으로 보지 못한 것을 놓치는 경우도 있었죠. 1987년 컴퓨터가 도입되면서 데이터를 입력하게 되고 영상을 활용하게 되었어요. 손으로 일일이 쓰는 것에 비하면 훨씬 쉽고 정확한 데이터를 만들 수 있었죠. 1996년이 되면 IT 기술의 발달로 분석할 수 있는 항목이 늘어나요. 패스 패턴, 피지컬 데이터, 스프린트, 뛴 거리 등을 측정할 수 있게 되었죠. 그리고 노르웨이가 발빠르게 1997년에 1부 리그 모든 팀에서 분석 시스템을 활용하기 시작했어요. 2001년에는 Dynamic 이론(패턴)이 생기고 상대 팀 반응까지 분석할 수 있는 프로그램이 나왔어요. 그다음엔 모든 것이 데이터가 되는 시대, 빅데이터의 시대가 되었죠. 2004년에는 잉글랜드 프리미어 리그에서 분석 시스템이 발전해서 경기가 끝나자마자 경기 영상이 DVD로 전달되었고요.

우리나라에는 언제 전력분석관이 도입되었나요?

[편] 우리나라에는 인제 진력분석관이 도입되었나요?

[김] 우리나라는 2002년 히딩크 감독이 국가대표팀 감독을 맡으면서 고트비라는 분석관을 데리고 왔어요. 우리나라 축구에 분석관이 처음 도입된 거예요. 그해 월드컵 4강 신화를 이루면서 분석관의 역할이 알려졌고 우리나라 축구 발전을 위해서 빠르게 정착되었어요.

그전에는 분석관이 하는 일을 코치가 하고 있었어요. DVD가 없었던 시절이니까 경기 비디오를 보면서 분석하는 거였죠. 영상편집도 안 되었던 경기 비디오를 처음부터 끝까지 몇 번 돌려보면서 상대 팀의 전력을 분석했다는 얘기를 들었어요. 하지만 시간도 많이 들고 분석 프로그램이 없으니 정확한 데이터가 쌓이지 않았던 문제가 있었죠.

[편] 히딩크 감독과 함께 일했던 박항서 코치가 베트남 국가대표 감독으로 가셨어요. 베트남에서 박항서 감독이 처음으로 전력분석관을 도입했다고 들었는데 맞나요?

[김] 네, 맞아요. 히딩크 감독님 덕분에 우리나라 축구가 비약

베트남에서 전력분석 교육

적인 발전을 했어요. 그때 전력분석의 중요성을 인식한 박항서 감독님이 베트남에 가셔서 전력분석 시스템을 도입한 거죠. 우리나라 전력분석 시스템을 베트남에 가서 전수하는 교육도 했고요.

축구
전력분석관의
세계

분석관마다 분석하는 내용이 다를 수 있나요?

편 분석관마다 분석한 내용이 다를 수 있나요?

김 세 명이 한 자리에서 2분 동안 같은 경기를 보고 나서 패스 성공이 얼마나 되냐고 물어보면 세 명 모두 다르게 말해요. 어떤 선수가 패스를 했을 때 우리 팀이 첫 터치를 했으면 패스 성공으로 보는 사람이 있고, 우리 팀이 첫 터치를 했지만 상대 팀 선수가 곧바로 빼앗아갔기 때문에 실패로 보는 사람이 있어요. 그런데 중요한 건 패스가 성공했다 실패했다는 판단하는 게 아니에요. 이 데이터를 왜 뽑는지가 중요해요. 내가 원하는 게 이 패스를 통해서 선수의 기술적인 면을 판단하고 싶다면 첫 터치를 한 선수가 패스에 성공했다고 판단할 수 있어요. 하지만 전술적으로 생각하면 달라져요. 만약 상대의 압박을 받고 있는 선수에게 패스를 했다면 하지 말아야 할 패스를 한 거예요. 이렇게 보면 실패한 패스가 돼요. 그래서 분석관이 맨 처음 해야 할 것은 무엇을 분석하겠다고 정하는 것이어야 해요.

편 같은 영상을 보고 분석관마다 다른 분석을 내놓을 수 있네요. 그렇다면 어떤 기준으로 분석관을 뽑나요?

김 제가 영국에서 공부할 때 외국인은 저 하나였어요. 25명 중에 축구 쪽으로 가고 싶어하는 사람이 20명은 됐어요. 자기들끼리는 공유했는지 모르겠지만 저한테는 분석 결과물을 보여주는 사람이 한 명도 없더라고요. 생각해보면 또 이해가 되기도 해요. 학생들은 분석 공부를 하면서 궁극적으로는 자기만의 분석 시스템을 만드는 게 목표예요. 그러니까 같은 경기를 보더라도 그 경기에서 가장 중요한 것을 뽑는 관점이 다른 거예요. 관점이 다르니까 수집하는 데이터가 다르고, 분석하는 방향이 달라지죠. 이렇게 만든 자신의 분석 시스템과 결과물을 가지고 지원서를 넣어요. 어느 팀의 한 시즌 또는 몇 시즌의 경기를 보고 분석한 결과가 곧 지원서가 되니까요. 구단에서는 여러 명의 지원서를 보고 자기 팀의 철학과 맞는 지원자를 분석관으로 채용하죠. 분석이라는 게 정답이 있는 게 아니라서 분석관이 중요하게 생각하는 것과 구단의 철학이 맞으면 함께 일을 하는 거예요. 거꾸로 어느 구단에서 일을 하고 싶다고 마음 먹었으면 그 구단의 철학에 맞춰서 구단이 중요하게 생각하는 부분을 포괄적으로 분석하면 되는 거고요.

전력분석관은 업무 분장을 어떻게 하나요?

편 전력분석관은 업무 분장을 어떻게 하나요?

김 분석관이 처음 생겼을 때는 외국의 경우도 보통 한 팀에 한 명의 분석관이 있었어요. 혼자서 촬영하고 우리 팀 분석하고 상대 팀 분석하고, 또 개인 선수 분석도 했죠. 점차 분석의 중요성이 알려지고 분석 시스템이 늘어나면서 세분화되기 시작했어요. 전력분석은 대체로 네 분야로 나뉘어요. 1군 팀 분석관과 아카데미 분석관, 임대 선수를 관리하고 신인 발굴을 담당하는 분석관, 스카웃을 담당하는 분석관, 그리고 데이터를 담당하는 분석관이 있어요. 축구가 발전한 영국과 유럽의 프로팀에서는 네 분야의 분석관을 모두 보유하고 있는 팀들이 있어요. 우리나라는 아직 프로팀에서 이 정도로 분석관을 두고 있지는 않지만, 점점 분석관의 역할이 늘어나고 있기 때문에 어떤 분석관이 있고 어떤 일을 하는지 알아보는 게 좋을 것 같아요.

편 하나씩 살펴볼게요. 1군 팀 분석관과 아카데미 분석관은 어떤 일을 하나요?

김 팀에서 가장 중심 역할을 하는 분석관은 1군 팀 분석관과

1군 팀 분석관 + 아카데미 분석관
전체 분석 관련 컨트롤 + 체크
유소년 팀 + 개인 선수 분석

Loan analyst + Recruitment Analyst
Target 선수 체크 + 필요시 촬영
임대 선수 분석 + 보고서 작성

데이터 분석관
빅 데이터 분석

Scout
싱대 팀 분석

전력분석의 분야

아카데미 분석관이에요. 1군 팀 분석관은 팀에 있는 분석 관련 사항을 관리·조절하고, 아카데미 분석관은 유소년 팀과 개인 선수 분석을 주로 하죠. 외국의 경우 클럽팀 밑에 유소년 팀이 있어요. 유소년 팀은 성적을 잘 내는 게 목적이 아니에요. 성장 가능성이 있는 유소년을 잘 키워서 프로로 데뷔시키는 게 목적 이죠. 유소년 선수들이 잘 성장해서 프로팀에 데뷔하고 성공하 면 이게 곧 시장 가치가 되는 거거든요. 그래서 아카데미 분석 관은 유소년 선수 개인 분석에 좀 더 초점을 맞추고 있어요.

❿ 이강인 선수가 클럽의 유소년 팀에서 성장했다고 들었어요. 그런 경우인가요?

❿ 이강인 선수의 경우 17세에 발렌시아 CF 메스타야에 입단해서 거기서 쭉 성장했어요. 계속 발렌시아에 있었어도 좋았겠지만 레알 마요르카로 이적했고요. 손흥민 선수도 마찬가지로 10대 때 함부르크 SV와 4년 계약을 맺고 뛰다가, 2015년에 이적료로 약 400억 이상을 받고 프미미어 리그의 토트넘 홋스퍼 FC로 이적했죠. 이처럼 구단에서 키운 선수들이 이적할 때 구단은 엄청나게 많은 이적료를 받아요. 구단 입장에서는 유소년 팀에서 프로 선수를 많이 배출하고 얼마나 좋은 선수로 만드느냐가 매우 중요하죠. 수익이 크니까요.

❿ 1군 팀 분석관과 아카데미 분석관은 오래전부터 있었던 분야 같아요. 최근 축구 환경의 변화에 따라 새로 생긴 역할은 무엇이 있나요?

❿ 최근에는 론 아날리스트Loan analyst라는 분야가 생겼어요. 프로팀의 경우 소속 선수들 중에서 다른 팀으로 선수를 임대하는 시스템이 있어요. 임대 간 선수도 소속팀이니까 이 선수들이 얼마나 성장하고 있는지 체크하는 게 론 아날리스트의 일이에요. 이 일을 담당하는 분석관은 임대 간 선수들이 뛰는 경기를

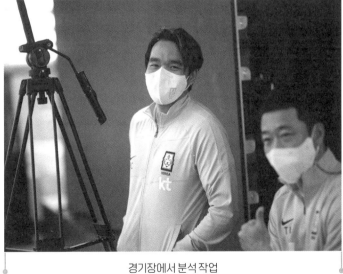

경기장에서 분석 작업

눈으로 뛰며 승리를 만들어가는
축구 전력분석관

분석하죠. 소속팀에서 임대를 보낸 이유는 잠재력이 충분한 선수인데 현재는 1군에서 그 선수가 뛸 기회가 없는 경우가 많아요. 그래서 다른 데로 이적을 시키는 대신에 임대를 보내는 거거든요. 소속팀으로 돌아올 가능성이 높죠. 그 선수가 돌아왔을 때 1군에서 쓸지 아니면 이적을 시킬지, 아예 그냥 방출할지 결정할 수 있도록 그 선수에 대한 데이터를 모으고 분석해요.

편 임대 선수가 있고 그 선수를 관리하는 분석관이 있다는 게 꽤 흥미롭네요. 또 다른 분야의 분석관은 누구인가요?

김 리크루트먼트 아날리스트Recruitment analyst라고 신인선수 발굴을 전문으로 하는 분석관도 있어요. 이 분석관은 1군 팀이나 유소년 팀, 또는 다른 팀에서 잠재력이 있는 선수를 발굴하는 일을 해요. 우리 팀에서 어떤 포지션이 부족한지 파악하고 있다가 어떤 선수가 도움이 될지 판단하고, 그 선수를 살지 안 살지 결정할 때 도움을 주죠. 이때 분석관은 소속한 팀의 플레이 스타일을 잘 알고 있어야 해요. 소속 팀이 공을 뻥뻥 멀리 차서 타겟형 스트라이크를 하는 다이렉트 플레이를 많이 하는 팀인데 타겟 스트라이크가 좀 약하다면 그에 맞는 선수를 찾아 주면 돼요. 그런데 분석관이 보니까 어떤 선수가 키는 좀 작은데 굉장히 빠른 침투형 스트라이커예요. 선수의 기량만 보면 뛰어나니까 팀에 추천을 해요. 팀에 맞지 않는 선수를 찾은 거죠. 그래서 신인선수를 발굴할 때는 선수의 실력만 보면 안 되고 꼭 팀의 플레이 스타일을 고려해야 해요.

🔵편 리크루트먼트 아날리스트는 스카우터랑은 다른 건가요?

🔵김 외국의 경우는 스카웃Scout을 전문으로 하는 분석관이 있어요. 이제 스카웃 하고 싶은 선수를 타겟으로 정하고 그 선수를 분석해요. 이때 그 선수가 속한 팀 분석도 필수로 하고요. 리크루트먼트 아날리스트와 하는 일이 겹치는 부분이 있어요. 그래서 서로 협력하는 관계라고 보시면 되겠어요.

빅데이터를 전문으로 다루는 분석가도 있나요?

편 빅데이터를 전문으로 다루는 분석가도 있나요?

김 빅데이터가 등장한 후로는 빅데이터만 따로 잘 다루는 분석관도 필요해졌어요. 이건 통계와 가까워서 외국의 경우에는 데이터 분석관을 뽑을 때 통계프로그램이나 파이썬Python*을 쓸 줄 아는 사람, 또는 대학에서 수학을 전공한 사람만 지원할 수 있다는 조건이 붙기도 해요. 빅데이터를 사용하면 좋은 게 어떤 팀이나 선수의 경기를 분석할 때 단순히 몇 경기를 보는 게 아니라 한 시즌이든 두 시즌이든 그 이상 쌓여있는 데이터를 모두 볼 수 있다는 거예요.

이렇게 많은 데이터를 보면 어느 팀이 가지고 있는 강점과 약점은 물론이고 최근 경기의 흐름까지 통합적으로 파악할 수 있어요. 선수 개인을 분석할 때도 마찬가지로 이 선수가 처음 경기를 시작했을 때부터 현재까지 성장한 이력도 보고 강점과 약점도 다 알 수 있죠. 빅데이터가 어떻게 사용되는지 보여주는

* 파이썬(Python) : 1990년대 초반에 나온 프로그래밍 언어. 데이터 분석이나 코딩의 개념을 알기 위해 사용되며 산업에도 많이 쓰이고 있다.

좋은 예로 〈머니볼〉이라는 영화가 있어요. 실제 미국 프로야구 구단에서 있었던 일을 영화로 만든 건데요, 거기서 빅데이터를 사용해서 저평가되어 있던 선수의 잠재력을 파악하는 분석관이 나오죠. 영화는 빅데이터가 스포츠에 막 적용된 시기여서 구단이나 선수들 모두 데이터에 거부감을 보여요. 그런데 요즘엔 빅데이터의 정보를 무시하는 스포츠 종목은 거의 없어요.

편 전력분석관의 역할이 점점 넓어지고 있는 것 같아요. 우리나라는 어떤가요?

김 앞에서 설명한 분석관의 체계는 영국의 경우예요. 영국이 스포츠 전력분석 분야가 제일 발달한 나라거든요. 처음엔 한 명의 분석관만 있다가 여러 명의 분석관이 각각의 역할을 나눠 가지고 한 팀을 이루었다는 것은 분석관의 역할이 그만큼 넓어졌다는 의미예요. 또 그만큼 축구가 발전했다는 뜻이기도 하고요. 근데 우리나라는 아직 이런 체계는 가지고 있지 않아요. 프로팀의 경우 1군과 2군에 따로 분석관이 한 명씩 있지만 영국처럼 세분화되어 있지 않고 한 명이 거의 담당하고 있죠. 국가대표팀은 좀 더 많은 분석관이 있지만요.

분석 데이터를 구축하는 방법이 궁금해요

(편) 경기 영상을 보고 어떻게 분석 데이터를 구축하나요?

(김) 분석 데이터를 만들 때 분석관들은 경기 분석을 전문적으로 할 수 있는 스포츠 코드Sports Code라는 프로그램을 사용해요. 분석 프로그램 안에서 데이터 수집이 가능해요. 어떤 선수가 몇 번 크로스를 했는지, 패스는 몇 번인지 숫자로 나오고요. 선수들의 위치와 자세도 다 나오죠. 이런 데이터를 모으면 엑셀로 정리하는 작업을 해요. 엑셀을 통하면 그래픽으로 만들 때 쉽거든요. 빅데이터를 그래픽으로 만드는 전문적인 프로그램도 있어요. 저는 타블루Tableau라는 프로그램을 사용해요.

(편) 어느 프로그램을 쓰는가가 중요한가요?

(김) 어느 프로그램을 쓰느냐가 아니라 어떤 걸 분석하느냐가 중요한 문제예요. 좋은 분석 프로그램도 맨 처음 화면엔 아무것도 없어요. 하얀 바탕만 나오는데 거기에 자기가 분석하고 싶은 단어를 넣어야죠. 패스, 크로스, 세트피스 등등 분석 항목을 넣어야만 데이터가 나오거든요. 분석 항목에 대한 영상이 나오면 그다음엔 데이터를 만들어 보는 거죠. 선수마다 패스는 몇 번

Player	Shots		Dribbles	
	On target	Off target	Successful	Unsuccessful
Roberts	✔✔✔	✔✔	✔	✔✔✔✔
Smith	✔✔	✔✔✔✔		✔✔

	Successful actions	Unsuccessful actions
Tackle	✔✔✔✔✔	✔
Header	✔	✔✔✔✔
Interception	✔	
Clearance	✔✔✔✔	
Free kick (won/conceded)	✔	✔✔
Total	+12	−7

Time period (mins)	Lost possession	Lost challenges
0–15	✔✔	✔✔✔✔
15–30	✔✔✔	✔✔✔✔✔✔
30–45	✔	✔✔✔✔
45–60	✔	✔✔✔✔
60–75	✔✔✔	✔✔✔✔✔✔
75–90	✔✔✔✔✔✔	✔✔✔✔✔✔✔✔

Player	Tackles	Headers	Clearances
5	A, B, A, A, A, C, D, B, A	D, C, D, C, A, C, D, B, A, A	C, C, C, D, C, D, B, A
7		D, D, C, A, B, F, F	
4	B, A, B, C, C, C, D, B, A		B, B, B, A, A, B, B, A

수기를 활용한 분석 데이터 수집표

했는지 입력하는 게 곧 데이터가 되거든요. 이때 패스를 몇 번 했는지 기록하는 건 사용자가 할 일이에요. 분석 프로그램은 영상은 찾아 주지만 횟수를 기록해주지는 않아요. 또 패스 항목에서 전진 패스인지 백 패스인지 세부 항목을 만들어서 기록할 수 있고요.

모든 스포츠가 공격과 수비를 하니까 공격할 때의 항목과 수비할 때의 항목을 카테고리로 만들어 저장하는 간단한 것부터 시작해서 복잡한 항목까지 자신이 만들어 갈 수 있어요. 이게 그렇게 어려운 건 아니에요. 제가 전력분석 전문관 교육을 하면서 수강생들의 컴퓨터에 무료 프로그램을 깔아주거든요. 그렇게 하면 분석의 80% 정도는 할 수 있어요.

편집 영상은 어떻게 만드나요?

편 편집 영상도 분석 프로그램 안에서 만들 수 있나요?

김 편집 영상을 만들 때는 분석 프로그램 안에서 만들 수도 있고 간단한 무료 프로그램으로 만들 수도 있어요. 편집 영상은 중요한 장면만 잘라서 만드는 게 아니라 분석한 내용을 잘 보여 줄 수 있도록 효과를 넣어요. 저는 허들 스포츠 코드에서 나온 효과 프로그램을 쓸 때도 있고 코치 페인트라고 전문적으로 효과를 주는 프로그램을 쓸 때도 있어요. 전문적인 프로그램은 비용을 지불해야 하는데 학생들은 아직 배우는 단계니까 무료로 쓸 수 있는 프로그램으로 연습을 하면 될 거예요. 맥 컴퓨터는 아이무기라는 무료 프로그램을 제공하고 있고요, 무비 메이커도 기본적으로 효과를 넣어서 편집할 수 있어요.

경기장에서 촬영할 때는 어떤 준비가 필요한가요?

편 전력분석관은 기본적으로 경기 촬영을 할 수 있어야 한다고 하셨어요. 그럼 경기장에서 촬영할 때 필요한 준비가 있을까요?

김 국내에서 경기가 열릴 때는 경기 시작 2시간 전에 경기장에 도착해요. 경기장에 마련된 카메라 포인트에 가서 삼각대를 설치하고 카메라를 고정해요. 카메라를 설치하는 곳이 정해져 있을 때는 거기서 하고 특별히 정해지지 않았을 때는 편한 곳에

경기장 맨 위가 전력분석관의 자리

자리를 잡아요. 국내 경기장의 경우는 잘 알고 있으니까 큰 문제는 없어요.

그런데 외국의 경기장에 갔을 때는 조심해야 하는 게 있어요. 대회를 하게 되면 대부분 지정된 카메라 포인트가 있어요. 그곳이 어딘지 정확히 모를 때는 스타디움에 가서 물어보고 확인해야 해요.

편 카메라 포인트를 못 찾아서 어려웠던 적이 있으세요?

김 이란 테헤란에서 경기가 열렸을 때예요. 경기장이 엄청 커서 카메라를 설치할 장소에 가려면 엘리베이터를 타고 올라가야 하더라고요. 안으로 들어가는 문을 찾았는데 잠겨 있는 거예요. 내려가서 사람을 찾아 물어봤더니 기다리라고 해서 한참 기다렸다가 올라간 적이 있어요. 올라가는 길도 복잡해서 한 번에 찾지도 못했고요. 원래 카메라 포인트로 지정된 곳은 일반 관중이 드나들지 못하도록 접근이 어렵거든요. 이렇게 외국에서 경기할 때는 전날에 미리 답사하지 않으면 경기 당일에 고생하는 일이 생겨요. 시간은 별로 없는데 우왕좌왕하다가는 굉장히 곤란하게 되는 거죠. 가끔 기자석 옆에 카메라 포인트 공간을 마련해 놓은 경기장도 있지만 대부분은 따로 떨어져 있죠.

일반 관중이 들어갈 수 없는 카메라 포인트

촬영 장비는 어떤 것들이 있나요?

편 촬영 상비는 어떤 것들이 있나요?

김 촬영 장비로는 웹캠이나 타워카메라 같은 카메라들이 필요하고요, 삼각대도 필요하죠. 경기장 안에 겐트리gantry라는 지지대가 있는 경우에는 그 위에 카메라를 설치하고, 카메라를 설치할 높은 곳이 없는 경우는 평지에 삼각대를 세우고 타워 카메라를 사용해요. 보통 겐트리는 3~4m 높이고요, 타워카메라를 설치할 때 사용하는 삼각대는 약 8m 정도 높이까지 올라 가죠. 대부분의 축구장은 늘 촬영을 하니까 겐트리가 세워져 있어요. 그런데 대학교 축구장이나 규모가 작은 축구장의 경우는 겐트리가 없어서 타워 카메라를 사용하죠. 카메라에 찍힌 영상을 바로 볼 수 있도록 연결할 컴퓨터도 필수 장비고요.

경기장 겐트리에서 촬영 준비

드론 촬영 장비

타워 카메라를 이용한 촬영

눈으로 뛰며 승리를 만들어가는
축구 전력분석관

전력분석관도 지도자 자격증이 필요한가요?

전력분석관도 지도자 자격증이 필요한가요?

김 네, 저는 전력분석관이라면 축구 지도자 자격증을 가지고 있어야 한다고 생각해요. 선수 출신이라면 모르겠지만 비선수 출신인데 전력분석관을 하고 싶다면 축구에 대한 지식이 있다는 걸 보여줄 수 있어야 해요. 가장 객관적인 게 지도자 자격증이죠. 이건 축구뿐 아니라 어떤 종목의 전력분석관도 마찬가지일 거예요.

편 지도자 자격증은 어떻게 받을 수 있나요?

김 대한축구협회가 발급하는 지도자 자격증이 있어요. 만 19세 이상으로 협회에서 하는 교육을 받으면 D급 지도자 자격증을 취득할 수 있어요. 이 자격증은 선수 출신이 아닌 사람들이 지도자로 시작하는 단계이고요. 이 자격증을 가지고 활동하면서 C급, B급, A급, P급 자격증을 받을 수 있어요. 선수 출신은 C급 자격증부터 취득할 수 있는데요. 협회 전문 등록팀에서 7년 동안 선수로 활동한 자 또는 전문 고등학교팀 또는 만 16세 이상 전문클럽 이후 5년 이상 선수로 활동한 사람이 교육을 신청

할 수 있어요.

축구를 제외한 다른 스포츠 종목의 경우 지도자 자격증을 취득할 때 4년 이상 종목과 관련한 학문을 공부해야 한다는 조건이 있어요. 대학을 반드시 졸업해야만 가능하죠.

선수 출신과 비선수 출신의 차이가 있나요?

편 선수 출신과 비선수 출신의 차이가 있나요?

김 예전에는 선수 출신들이 전력분석관으로 많이 진출했어요. 그래서 선수 출신이 경기 전술을 잘 아니까 경기 분석을 더 잘할 거라는 선입견이 좀 있어요. 그런데 요즘엔 꼭 선수 출신일 필요는 없는 것 같아요. 그 종목을 좋아하고 경기의 흐름을 잘 읽고 분석할 수 있으면 되니까요. 저도 초등학교 때 선수를 했지만 선수 출신은 아니거든요. 대신 선수 출신이 아니라는 벽을 넘으려면 그만큼 경기를 볼 줄 알아야 해요. 그래야 편견이 깨지죠.

전력분석관이 필요한 스포츠 종목은 무엇인가요?

🗨 전력분석관이 필요한 스포츠 종목은 무엇인가요?

🗨 농구, 야구, 배구, 핸드볼 등 거의 모든 스포츠에 전력분석관을 두고 있어요. 종목마다 데이터를 활용한 전력분석이 효과가 있다는 걸 다 아니까 점점 더 많이 필요로 하고요. 거의 모든 종목의 실업팀에서 전력분석관을 뽑고 있어요.

제가 영국에서 석사과정을 할 때 여자 농구팀 감독이 와서 농구 분석관을 많이 뽑아 갔어요. 농구도 축구와 비슷하게 침투 스포츠거든요. 경기하는 선수 인원이 5 대 5라서 축구보다는 적지만 농구도 전술적인 것과 기술적인 것이 굉장히 많이 발달해 있어요. 우리나라 프로 농구팀에서도 분석관을 많이 뽑고 있다고 알고 있어요. 이 밖에도 배구, 핸드볼 등등 모든 스포츠 종목에 분석관을 필요하다는 인식이 커지고 있어서 앞으로도 많은 전문가가 필요할 거라고 생각해요.

그리고 올림픽 종목의 경우 스포츠 정책과학원에서도 전력분석관을 많이 뽑고, 분석 연구원도 많이 채용해요. 대한체육회에서도 분석관을 뽑고요. 만약 자기가 원하는 곳에 분석관 자리가 없다면 스포츠 정책과학원 등에서 연구원으로 먼저 일해

경기 중에도 멈출 수 없는 분석

보는 것도 좋은 것 같아요. 여기서 분석 프로세스를 충분히 배울 수 있으니까요.

기억에 남는 감동적인 경기가 있다면?

편 기억에 남는 감동적인 경기는 무엇이었나요?

김 2019년 남자대표팀 동아시안컵 대회가 기억에 남아요. 그때 우리 팀도 2승이었고 일본도 2승을 거둔 상태로 부산에서 경기가 열렸죠. 선수들이 아주 열심히 뛰어서 1대 0으로 이겼어요. 월드컵 아시아 예선 때 마지막으로 시리아를 이기고 본선 진출이 확정되었을 때도 있고요. 사실 국가대표 선수들이 경기하는 모습은 볼 때마다 감동을 줘요. 선수들이 매 경기마다 모든 것을 쏟아붓거든요. 훈련할 때부터 진지하게 하니까 본 경기에 나가서도 그렇게 남김없이 뛰는 것 같아요.

평소보다 긴장되는 대회가 있었나요?

편 모든 경기가 힘들겠지만 특별히 신경을 많이 쓴 경기가 있다면요?

김 2022년 월드컵 3차 예선이 있었을 때 좀 많이 힘들었어요. 월드컵 경기는 예선이나 본선이나 한 경기 한 경기가 다 너무 중요하니까 피가 마르는 느낌이 들어요. 만약에 제가 조금이라도 실수를 했다면 어떻게 하나 하는 부담감이 엄청나게 크죠.

2022 월드컵 예선전이 치러지는 아랍에미리트에서
국가대표팀 코칭 스태프와 함께

그래서 자다가 새벽에 일어나서 컴퓨터를 켜고 빠뜨린 건 없나 다시 확인하고 그랬어요. 이번 예선 같은 경우는 거의 다 중동 팀이랑 붙었는데 중동팀은 명단이 빨리 안 나올 때가 있어요. 혹시 제가 예상하지 못하고 준비하지 못한 선수가 나오지는 않을까 걱정이 돼서 확인하고 또 확인했죠.

그렇게 노심초사하다가 딱 경기가 시작되고 우리가 준비한 대로 상대 팀이 나왔을 때, 우리 선수들이 이미 상대 팀의 키 플레이어의 경기력을 알고 잘 대처하는 모습을 볼 때는 정말 희열을 느끼죠. 그리 길지 않은 시간 동안 긴장하고 압박감을 느끼다가 경기 결과가 좋으면 보람이 되니까 감정의 변화가 참 크긴 해요.

보람을 느끼는 순간은 언제인가요?

편 보람을 느끼는 순간은 언제인가요?

김 국가대표 팀 경기가 예정되어 있으면 그 기간에 맞춰서 국가대표 선수들을 소집하고 나서 대회를 준비해요. 선수들이 대회를 준비하면서 발전해 나가는 모습을 볼 때 보람이 있죠. 분석한 내용을 바탕으로 훈련 프로그램을 짜는데 준비한 게 잘 맞아서 선수 개인도 발전하고 팀도 발전하는 게 보일 때 뿌듯하고요.

편 어느 연령대의 국가대표 팀이든 분석관님이 준비한 대로 착착 맞았을 때 많은 보람을 느끼신다는 마음을 이해할 수 있을 것 같아요. 혹시 더 기억나는 팀이나 경기는 있을까요?

김 16세 팀 전력분석관으로 있을 때였어요. 대회에 나갔는데 경기가 잘 풀리지 않았어요. 특히 공격할 때 턱턱 막히고 어긋나니까 답답한 경기가 되더라고요. 그래서 감독님이랑 같이 고민하면서 선수들에게 영상을 하나 보여줬어요. 상대 팀의 수비를 뚫고 공격하는 방법이 나온 영상이었죠. 선수들이 눈을 반짝이며 보더라고요. 그리고 다음 경기를 하는데 영상에서 본 그

상황이 딱 나온 거예요. 그러니까 선수들이 한 치의 망설임도 없이 자기 포지션으로 가서 그대로 공격하더라고요. 그때 영상의 힘이 무섭구나, 경기 분석의 힘이 무섭구나 하는 걸 알았죠. 그래서 기분이 되게 좋으면서도 한편으로 책임감이 무겁다는 걸 느꼈어요. 영상을 만들 때 한 번 두 번이 아니라 여러 번 생각하고 또 생각해야겠구나 하고요.

대회가 끝나고 선수 중 몇몇은 따로 연락해서 정말 감사하다고 말할 때도 있어요. 그럴 때는 정말 기분이 좋더라고요.

전력분석관의 미래를 예측한다면?

편 전력분석관을 필요로 하는 곳은 많은가요?

김 축구는 예전에도 인기있는 스포츠 종목이었지만 요즘 더 높은 관심을 받고 있어요. 예전엔 엘리트 선수들만 키우는 분위기였다면 요즘엔 유소년 축구팀들이 거의 동네마다 여러 개씩 있을 정도로 굉장히 인기있는 스포츠가 되었어요. 이런 면에서 보면 앞으로 전력분석관에 대한 수요가 많을 수밖에 없어요.

그걸 체감할 수 있는 게 전력분석관 전문가 과정 교육이에요. 교육 과정 정원이 20명 정도로 적은데 지원자는 그 몇 배거든요. 예전에는 전력분석관이라고 하면 영상을 편집하고 하이라이트 만드는 정도의 일을 하는 사람으로 인식했는데 요즘의 전력분석관은 그 수준을 훨씬 뛰어넘고 있어요. 그 분야도 점점 더 세분화되어서 빅데이터를 다루는 분석가, 훈련 프로그램을 짜는 분석관 등도 있고요. 이건 축구만 해당되는 이야기가 아니에요. 요즘엔 농구 전력분석관, 배구 전력분석관을 뽑는다는 공고도 많이 나오는 걸 봐요. 사실 전력분석관을 전문적으로 배출하는 분석 교육 시스템이 체계적으로 세워져 있지 않은데 현장에서는 필요하다는 말이죠.

전력분석관 전문가 과정과 지도자 세미나에서 강의

축구 발전을 위한 세미나에서 대담

전력분석관에 대한 영화가 있을까요?

편 전력분석관에 대한 영화가 있을까요?

김 2011년에 나온 〈머니볼〉이라는 영화가 있는데 실화를 바탕으로 만들어졌어요. 주인공 빌리 빈은 야구팀 구단장인데 그 팀은 메이저리그에서 최하위 성적을 벗어나지 않았어요. 그나마 실력있는 선수들을 다른 구단에 다 뺏기고 말았죠. 어느 날 빌리 빈은 선수를 스카웃하러 간 곳에서 예일대학교 경영학과 출신인 피터를 만나요. 피터는 홈런과 안타를 잘 치는 비싼 선수들을 사 오는 대신에 그 돈으로 출루율이 높은 선수들을 영입하는 게 더 좋은 결과를 낳을 거라고 생각하는 사람이었어요.

빌리 빈은 선수가 아니라 피터를 스카웃해서 그와 함께 선수들을 찾아 나서요. 피터는 철저히 경기 데이터에 따라 영입할 선수를 결정하죠. 타격률이 높은 선수, 출루율이 높은 선수들이요. 그런데 찾아낸 선수들은 사생활에 문제가 있거나, 부상이 잦고, 나이가 많아서 다른 구단에서도 외면받던 선수들이었어요. 빌리 빈은 피터의 안목을 믿고 그 선수들을 영입해요. 하지만 이번엔 감독이 그 선수들을 외면했어요. 팀 내에서 심각한 갈등이 일어나요.

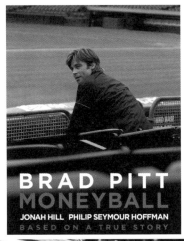

<머니볼>, 2011

결과는 어땠을까요? 만년 꼴찌였던 그 팀은 20연승이라는 대
기록을 세웠어요. 스포츠에서 데이터의 힘을 보여준 영화예요.

전력분석관이 하는 일을 알 수 있는 책이 있나요?

편　전력분석관이 하는 일을 알 수 있는 책이 있나요?

김　〈Notational Analysis of Sport〉라는 책이 있어요. 이 책은 축구뿐 아니라 스포츠 종목 경기를 분석하는 시스템을 배우는 책이에요. 먼저 학문적으로 분석이 무엇인지 정의하고 있고, 매뉴얼 노테이션Manual Notation이라고 펜과 종이를 가지고 데이터를 모으는 방법부터 컴퓨터를 이용해 데이터를 모으고 처리하고 활용하는 방법도 있어요. 또 데이터에 대한 신뢰성 테스트는 왜 해야 하는지, 경기 분석에서 피드백이 가장 중요한 요소인데 그게 왜 필요하고 어떤 효과가 있는지 교육적인 면에서도 설명하고 있죠. 이 한 권의 책만 읽어도 경기 분석을 어떤 식으로 하고 어떤 범위 내에서 해나가야 하는지 알 수 있어요.

　그리고 이 책은 코칭하는 방법을 중요하게 다루고 있는데요. 주로 피드백을 어떻게 할 때 가장 효과적인가 하는 것을 알려주죠. 피드백은 긍정 피드백과 부정 피드백으로 나누는데, 교육학적으로 긍정 피드백을 많이 해야 선수들의 수행 능력이 높아진다고 해요. 이렇게 코칭 분석까지 해서 분석 보고서를 코치에게 줄 때 수행 능력을 향상시킨다는 거예요.

이 책은 분석과 관련한 논문을 쭉 모아서 한 권의 책으로 만든 거예요. 논문이라고 어려운 건 아니고요, 쉽게 잘 쓰여 있어요. 안타깝게도 한국어로 번역된 게 없어서 학생들이 읽기 어려울 수도 있는데, 웬만한 영어 실력이면 이해할 수 있으니까 관심이 있으면 꼭 읽어보면 좋겠어요. 저도 기회가 되면 번역해서 출판하려고 생각하고 있어요.

멘토나 존경하는 인물은 누구인가요?

💬편 멘토나 존경하는 인물은 누구인가요?

💬김 전력분석관 출신으로 토트넘 감독을 했던 안드레 빌라스 보아스Andre Villas Boas라는 분이 있어요. 16세 때 FC 포르투 감독에게 구체적인 자료를 바탕으로 경기를 분석한 내용을 편지로 보냈다고 해요. 그때 감독의 눈에 들어 영국에 가서 축구 유학을 하고 17세에 유럽축구연맹(UEFA) C급 지도자 자격증을 따서 감독 수업을 시작했어요. 25세에 FC 포르투의 전력분석관으로 일하며 2년 만에 팀이 리그 우승을 하는 데 큰 공헌을 했죠. 이후 코치가 되어 경력을 쌓고 2010년에 FC 포르투 감독이 되었어요. 프로 선수 출신이 아닌 사람이 감독이 되는 건 흔치 않은 일이었죠. 빌라스 보아스가 FC 포르투를 이끌며 그동안 갈고닦은 실력을 유감없이 발휘해서 2010~2011 시즌에 포르투갈 리그 우승컵, 포르투갈 컵, UEFA 우승컵을 싹쓸이했어요. 그래서 전략분석관이라면 누구나 꿈꾸는 영웅 같은 존재가 되었어요.

이 분이 존경스러운 점은 자신만의 분석 툴을 가지고 실제 훈련에 접목시켜서 팀 경기력 향상을 도모했다는 거예요. 이 부분이 굉장히 중요한데요. 전력분석관이 영상을 아무리 멋있게 만들어 시선을 끌고 프리젠테이션을 잘해도 실제 경기력이 향상되지 않으면 그건 실패한 전력분석이 되는 거예요. 전력분석은 훈련 프로그램과 연결되어서 선수들의 경기력이 향상되었을 때 성공한 프로그램이거든요. 그런 면에서 빌라스 보아스는 훌륭한 경기 분석으로 훈련 프로그램을 잘 만들어서 선수들의 경기력을 향상시킨다는 전력분석의 프로세스를 잘 수행한 분이죠.

또 한 분은 지금 우리 국가대표팀 파울루 벤투(Paulo Bento) 감독 밑에서 수석 코치로 일하고 있는 세르지우 코스타(Sergio Costa)라는 분이에요. 2007년부터 벤투 감독과 함께 일했고, 이 분도 선수 출신이 아니라 전략분석관으로 일을 시작했어요. 2018년 벤투 감독님과 함께 오셨는데 이 분을 옆에서 지켜보면 정말 존경심이 생겨요. 전략분석을 너무 잘해서도 그렇지만 그 과정도 훌륭하세요. 이 분이 하는 말씀이 있어요. "한 명이 분석을 하면 분석이 빨리 끝나지만 여러 명이 분석을 하면 분석의 완성도는 더 높다. 더디게 끝나더라도 여러 명의 말을 듣고 조합시키는 분석이 훨씬 더 좋다."고요.

국가대표팀이 경기할 때는 경기 일정이 매우 빠듯해요. 짧게는 3일 간격, 길게는 일주일 간격으로 경기가 있는데 전략분

석은 하루 만에 끝내야 하거든요. 시간도 없는데 여러 사람의 말을 듣는 건 힘들고 귀찮은 일이에요. 그런데 여러 사람의 말을 들으면 의외의 시각에서 포착되는 것들이 있어요. 그러면 좀 더 나은 분석이 나오고 그 분석을 바탕으로 훈련 프로그램을 짜면 좋은 결과가 나와요. 그걸 옆에서 지켜보니까 정말 배울 점이 많다는 걸 느끼죠.

북한에 다녀온 이야기도 궁금해요

편 국가대표팀 전력분석관으로 북한에 다녀오신 적이 있다는 이야기를 들었어요. 그 이야기도 해 주세요.

김 2017년에 북한에서 여자 축구 아시안컵 예선 경기가 열렸어요. 저는 대표팀보다 5일 먼저 북한에 들어갔죠. 사실 북한에 들어갈 때부터 좀 놀랐어요. 검색대에서 모든 소지품을 다 검사하는데 컴퓨터도 켜서 모든 프로그램을 다 열어보더라고요. 폴더란 폴더는 다 열어보는 검사를 하니까 검색대 통과하는데 꽤 오래 걸렸어요. 그리고 호텔로 이동했는데 밖에 나갈 수가 없어서 그냥 호텔에만 있었어요. 호텔 주차장 가는데도 안내 선생이랑 같이 가야 한다고 하고 호텔 앞에 산책하는데도 꼭 안내 선생이랑 동행해야 하니까 개인적으로 어디를 못 가겠더라고요. 그래서 공식적인 일정 말고는 계속 방에만 있었죠.

편 통제된 사회에서 많이 답답하셨겠어요. 그리고 국민들의 관심이 높은 대회라 선수들이나 코칭 스태프도 압박감이 있었을 것 같아요.

김 북한에서 한 여자대표팀 경기는 인상 깊었어요. 여자대표팀은 북한이 우리보다 랭킹이 더 높아요. 예전에도 그랬고 지금도 그래요. 그런데 하필 예선에서 북한이랑 맞붙어서 이거 큰일이라고 걱정했어요. 아시안컵 조별 예선 대회는 1등 팀만 본선에 올라갈 수 있어요. 만약 우리 팀이 북한 팀과의 경기에서 지면 바로 예선 탈락이 확정되는 중요한 순간이었죠. 북한도 우리랑 마찬가지라서 반드시 이겨야겠다는 의지가 있었고요.

북한 여자팀 경기 영상은 꽤 많이 있어요. 워낙 강팀이고 친선 대회도 많이 열렸기 때문에 그 자료를 가지고 분석을 다 해 놨어요. 그런데 우리한테 더 불리한 조건이 펼쳐진 거예요. 북한팀의 전력이 더 강한 것도 있는데 북한은 홈경기잖아요. 관중석도 꽉 찰 거고 100% 북한을 응원할 건데 우리 선수들의 사기가 떨어질 일이 걱정이었죠. 그래서 생각해 낸 게 홈팀의 응원 함성을 따서 국내에서 훈련할 때 그걸 틀어놓고 연습하자는 거였어요. 이런 훈련 방법으로 그때 좀 이슈가 되기도 했죠. 이 대회를 위해서 우리 팀은 한 달 가까이 준비했고요.

경기가 시작되고 북한이 먼저 한 골을 넣었어요. 큰일 난 거죠. 다들 조마조마하고 있는데 우리 팀에서도 골이 터져서 1:1이 되었어요. 그때부터 우리 여자 선수들이 몸을 날리면서 뛰는데. 골을 더 허용하지 않고 1:1로 비기겠다는 의지가 얼마나 강렬한지 모든 걸 다 쏟아내는 선수들을 보면서 정말 너무

훈련 촬영을 위한 준비

행복했고 너무 감동이었어요. 결국 비겼고 골득차로 우리가 예
선에 올라갔어요.

직업병도 있나요?

📱 직업병도 있나요?

🔘 경기를 볼 때 편하게 못 봐요. 우리 팀이 아닌데도 계속 문제점이 무엇인지 분석하려고 하죠. 이건 일이 아니니까 그냥 편하게 봐도 된다고 속으로 다짐도 하는데 그건 잠깐이고 저도 모르게 계속 분석을 하고 있어요. 같이 보는 사람들이 재미있다고 웃고 흥분하는데 저는 그런 재미를 잘 못 느껴요. 아마 모든 전력분석관이 다 그럴 거예요. 그리고 사람들한테 오해를 받는 것도 있어요. 응원하는 팀이 골을 넣었을 때 주변에서는 소리를 지르고 박수를 치면서 벌떡 일어나고 막 흥분하면서 좋아하잖아요. 그런데 저는 아무 소리도 하지 않아요. 그럼 같이 보는 사람들이 저보고 안 기쁘냐고 그래요. 당연히 기쁘죠. 얼마나 속으로 응원했는데요. 전력분석관들은 경기 촬영을 할 때 골이 들어가도 소리를 지르지 않아요. 주변의 소리도 다 녹음이 되는데 분석관의 목소리가 들어가서는 안 되죠. 그래서 가만히 서서 지켜보기만 해요. 속으로는 엄청 좋아하지만 겉으로 리액션을 하지 않죠. 이게 습관이 되어서 그런지 집에서나 다른 데서 경기를 볼 때도 겉으로는 아무런 반응을 하지 않아요. 그래서 오해를 많이 받죠.

스트레스를 해소하는 방법이 있나요?

편 스트레스를 해소하는 방법이 있나요?

김 운동선수에게 중요한 것 세 가지는 운동, 영양, 그리고 휴식이에요. 분석관도 마찬가지로 잘 분석하고, 잘 먹고, 잘 쉬는 게 중요하죠. 저는 휴식이 필요할 때 멍하니 앉아있는 걸 좋아해요. 낚시하면서 잔잔한 수면만 바라본다든가, 불멍을 한다든가, 푸르른 초원만 바라보는 게 저한테는 정말 필요한 휴식이에요. 컴퓨터로 영상을 보고, 영상 편집을 하고, 보고서를 만드는 게 다 눈으로 하는 거잖아요. 빠르게 움직이는 선수들의 몸놀림을 재빠르게 잡아내야 하니까 눈이 일을 많이 해요. 그래서 눈이 집중하지 않을 수 있는 게 좋아요. 대표팀 소집이 끝나고 한 이틀 동안 보고서를 쓰고 나서는 보통 이삼일 정도 시간이 나요. 그때 가족들이랑 여행하는 것도 정말 좋아하고요. 그런 휴식이 없으면 좀 예민해져서 힘들더라고요.

하지만 여행을 갈 때 아직 놓지 못하는 게 있어요. 바로 컴퓨터예요. 감독님한테 전화가 올 때가 있거든요. 그렇다고 여행 중에 집에 올 수는 없으니까 항상 컴퓨터를 가지고 다니고 있어요.

축구 분야에 여자 전력분석관이 있나요?

편 축구 분야에 여자 전력분석관이 있나요?

김 네, 한 분 있어요. 경주한수원여자축구단에서 열심히 활동하고 있다고 알고 있어요. 그리고 전력분석관 전문가 과정에 두세 분 정도 교육생으로 들어왔어요. 보통 선수 출신으로 은퇴하고 분석관 준비를 하고 있다고 해요. 아직은 여자 전력분석관이 드물지만 조금씩 많아질 거라고 예상하고 있어요.

축구
전력분석관이
되는 방법

전력분석관이 되기 위해 준비할 것은 무엇인가요?

편 전력분석관이 되기 위해 준비할 것은 무엇인가요?

김 경기장에 가서 촬영하는 연습을 꼭 했으면 좋겠어요. 어떤 경기라도 괜찮아요. 학교 축구팀이나 주변에 있는 클럽팀의 경기가 있으면 거기 가서 촬영해 보세요. 경기 시작부터 끝까지 촬영한 다음엔 영상을 컴퓨터로 옮겨요. 그러면 카메라로 경기를 볼 때랑 컴퓨터로 볼 때랑 다른 게 보일 거예요. 카메라로 찍을 때는 중요한 장면을 다 담았다고 생각했는데 컴퓨터로 옮겨서 보면 카메라가 따라잡지 못한 장면들이 나와요. 경기 분석을 하는데 필요한 부분이 빠져있거나 공을 따라가지 못해서 중요한 장면을 노친 경우도 있고요. 또 촬영하는 각도가 잘못되어서 선수들의 움직임을 자세히 볼 수 없는 경우도 있죠. 그럼 다음 번에는 다른 각도에서 찍어보는 거예요.

이렇게 실제로 촬영하는 연습을 해 보면 어떻게 찍어야 경기 분석을 할 수 있는 영상이 되겠다는 감이 와요. 그런데 이런 감을 가지려면 한두 번 촬영해서는 어림없어요. 최소 6개월 이상은 촬영하고 촬영한 영상을 컴퓨터로 옮겨서 보는 연습을 해야 해요. 학교에 다니면서 촬영하는 게 어렵다면 방학을 이용하는 방법도 있어요. 중고등학교나 대학교 팀은 매년 방학 때 경기를 많이 하거든요. 지방에서 경기를 하는 경우도 많은데요, 열정이 있으면 그런 데 가서 촬영해 보고 자기 나름대로 분석 시나리오도 짜 보는 거죠. 촬영 실력이라는 게 하루아침에 되는 게 아니고 시간을 두고 차곡차곡 쌓이더라고요.

경기 촬영 기술이 꼭 필요한가요?

편 경기 촬영 기술이 꼭 필요한가요?

김 전력분석관이 되는 첫 번째 조건은 경기를 촬영하는 기술이에요. 일단 모든 스포츠 종목에서 전력분석관을 뽑을 때 촬영할 수 있는 사람을 뽑아요. 어떻게 보면 경기를 촬영하는 것부터 경기 분석이 시작되었다고 할 수 있어요. 실제 경기를 보면서 경기의 흐름을 따라가고 선수들의 움직임을 살피고 경기의 전략이 잘 진행되고 있는지 확인하는 과정이기도 하거든요.

경기를 촬영할 때는 먼저 높은 곳에 올라가서 카메라를 설치해야 해요. 평지에서 촬영하면 선수의 움직임이나 공간을 잘 볼 수가 없어요. 타워 카메라가 있으면 좋지만 100만 원에서 200만 원 정도 하니까 학생들이 사용하기에는 좀 비싸요.

학교 운동장에 있는 강대상 위에서 일반 카메라 삼각대를 놓고 캠코더 카메라로 촬영을 하면 돼요. 촬영할 때는 삼각대를 설치하는 게 좋아요. 90분 동안 들고 있으면 팔도 아프고 흔들리기도 하니까요. 또 주요 장면이 나오면 줌인을 해서 선명하게 찍고 축구장 전체를 봐야 할 때는 줌아웃을 해서 찍는 요령도 필요하죠. 오즈모라는 액션캠이 있어요. 그걸 삼각대에 설치해

놓고 아래서 휴대폰의 앱으로 조작할 수 있죠. 요즘엔 휴대폰의 카메라도 성능이 좋아서 영상을 찍고 분석하는 데 문제가 없어요. 처음 해 본다면 휴대폰으로 경기 영상을 찍어보는 것도 좋겠어요.

세르지우 코스타 코치와 경기 전 점검

경기를 분석하는 연습은 어떻게 하는 게 좋은가요?

편 경기를 분석하는 연습은 어떻게 하는 게 좋은가요?

김 유튜브나 다른 곳에서 경기 영상을 다운받아서 분석 연습을 하는 것도 반드시 필요해요. 전력분석관이 되면 당연히 자신이 찍지 않은 영상을 더 많이 보게 돼요. 대표팀의 경우에는 다른 나라 축구팀의 영상이나 상대 팀이 속한 선수들이 하는 경기를 많이 볼 수밖에 없어요. 또 무료로 운영하는 분석 프로그램에서 연습하면서 자신의 분석 시스템을 만들어가면 좋겠어요. 촬영 전문가들이 찍은 영상과 자신이 찍은 영상도 비교할 수 있는 기회가 되니까 많이 보고 많이 분석할수록 촬영하는 실력도 늘고 분석하는 실력도 늘 거예요.

대학에서 어떤 전공을 하는 게 좋을까요?

편 대학에서 어떤 전공을 하는 게 좋을까요?

김 우리나라 대학은 아직 전력분석을 전공으로 하는 학과가 없어요. 제가 강의하는 전주대처럼 일부 대학의 스포츠 관련 학과에서 전력분석 과목을 가르치고 있죠. 축구 전력분석관이 되고 싶은 학생은 축구학과로 진학하는 게 제일 좋아요. 다른 스포츠 종목도 전공학과에 가는 게 제일 좋은 방법이고요. 그게 안 되면 스포츠 관련학과를 가서 전력분석에 대한 관심을 가지고 공부를 하면 되고요.

전력분석관이 되는 조건에 꼭 대학 졸업자여야 한다는 건 없어요. 하지만 현장에서 일하는 전력분석관 대부분이 대학을 졸업했기 때문에 가능하면 대학에 진학하는 것이 좋겠어요. 외국에서도 전력분석관을 뽑을 때 스포츠 사이언스 관련학과 졸업이 필수라는 학력 조건이 있어요. 우리나라도 앞으로는 그렇게 되지 않을까 생각해요. 왜냐하면 경기 분석을 하는 방법이 스포츠 과학이랑 긴밀하게 연결되어 있기 때문이에요. 결국 전력분석도 과학적이고 합리적인 학문의 기반이 있는 분야라 스포츠 과학의 발전과 함께 나아가거든요.

대학에 진학했다면 학업을 하면서 자기 나름대로 분석 프로세스를 준비해야 해요. 경기가 있으면 경기장에 가서 촬영도 해 보고, 분석 프로그램을 써서 분석도 해 보고요. 어느 정도 경기 분석에 익숙해지면 시간을 정해놓고 결과를 내오는 연습도 하는 게 좋겠어요. 실전에 가면 경기가 끝나고 하루 이틀 내에 분석 결과가 나와야 하거든요. 이렇게 실전처럼 정해진 시간 내에 분석 보고서까지 끝내는 연습은 꼭 필요해요.

전주대에서는 무엇을 가르치나요?

편 전주대에서는 무엇을 가르치나요?

김 축구협회에서 분석 교육 프로그램을 만들었는데 얼마 후에 전주대학교 경기지도학과에서 강의를 해달라는 요청이 왔어요. 그래서 2019년부터 강의를 나가고 있어요. 이 학과에 오는 학생들은 선수를 목표로 하는 학생도 있고, 지도자나 스포츠 심리에 관심이 있어서 온 학생들도 있어요. 그중에는 분석관을 꿈꾸는 학생도 있어서 그 학생들을 대상으로 전력분석 시스템을 가르치고 있죠.

제가 영국으로 유학 가기 전에 분석관이 되려면 통계를 할 줄 알아야 한다는 말을 듣고 통계를 열심히 공부했었어요. 그런데 막상 가보니 통계는 생각보다 중요한 게 아니었어요. 그보다는 분석 시스템을 이해하고 배우는 게 훨씬 중요했어요. 그래서 저는 분석 교육을 할 때 첫 번째로 가르치는 게 분석 시스템이에요. 두 번째는 배운 것을 실제로 적용할 수 있도록 하는 실습이고요. 프로팀이든 대학 축구부이든 상관없이 촬영해서 분석하는 연습을 하는 게 중요하거든요. 그리고 세 번째는 분석한 내용이 정확한지 피드백을 받는 거예요. 이렇게 통합적인 교육을 했을 때 학생들이 성장할 수 있거든요.

예전에는 분석관이라고 하면 축구장에 가서 촬영하고 감독이 원하는 자료를 찾아주는 정도였어요. 그런데 이제는 영상과 데이터를 어떻게 활용하고, 분석 시스템을 어떻게 만들지 고민하면서 팀에 기여하는 방법을 찾는 게 분석관이 할 일이에요. 다행히 학생들이 저의 교육 방식에 잘 적응하고, 축구에 대한 열정이 있어서 열심히 배우고 잘 따라와요. 1년, 2년 지나니까 성장하는 게 눈에 보이고요. 제가 가르친 학생들이 축구협회의 골든에이지 팀에서 경험을 쌓아서 프로팀 분석관으로 진출하

기도 했죠. 이게 저한테는 큰 보람이에요. 그래서 저도 이런 철학을 가지고 전주대랑 축구협회에서 훌륭한 분석관들을 육성해내려고 노력하고 있어요. 앞으로 체계적이고 전문적인 분석교육이 더 많이 이뤄지면 분석 시스템도 지금보다 훨씬 발전할 거라 생각해요.

경기 분석을 하는 시각을 가질 수 있는 방법은 뭔가요?

🔵 경기 분석을 하는 시각을 가질 수 있는 방법은 뭔가요?

🔵 경기 분석을 하려면 먼저 축구에 대한 지식을 많이 가지고 있어야 해요. 다른 종목도 마찬가지고요. 지식을 쌓는 가장 좋은 방법은 경기를 많이 보는 거예요. 경기장에 직접 가서 보는 것도 좋지만 그건 한계가 있으니까 경기 영상을 많이 보는 게 좋아요. 그리고 객관적으로 종목에 대한 지식이 있다는 걸 증명할 수 있는 방법이 있어요. 그건 지도자 자격증을 취득하는 거예요. 축구 지도자 자격증은 만19세 이상이면 누구나 지원해서 일정 시간 교육을 받고 평가를 거쳐 취득할 수 있어요. 학력 제한도 없어서 고등학교에 다니면서도 딸 수 있죠. 지도자 자격을 언제 취득하는가는 중요하지 않으니까 대학에 가서 천천히 준비해도 늦지 않아요. 하지만 전력분석관이 되고 싶다면 미리 준비해 놓는 것이 좋겠어요.

한 팀을 정해놓고 경기 분석을 하는 게 좋을까요?

편 한 팀을 정해놓고 경기 분석을 하는 게 좋을까요?

김 팀을 정해놓고 한 시즌 동안 경기 분석을 하는 게 좋아요. 한 경기의 결과를 놓고 분석하는 건 분석이라기보다는 평가에 가깝죠. 한 경기만 보면 어느 팀이 경기력이 좋았고, 어느 팀이 실수를 많이 했고, 어떤 선수가 잘 뛰었다는 정도의 정보만 얻을 수 있어요.

경기를 분석하는 이유는 경기력 향상을 위해 어떻게 훈련을 할 것인가로 이어져야 그 목적을 달성하는 거잖아요. 그러니까 한 팀을 정해놓고 데이터를 쌓아야 가능한 거죠. 그 팀에 어떤 선수들이 있는지, 선수들이 가진 장점은 무엇이고 단점은 무엇인지, 사용하고 있는 전술은 무엇이 있는데 어떤 때 성공하고 어떤 때 실패하는지 등을 파악하고 있어야죠. 더 구체적으로는 누가 몇 번 패스를 했고 성공은 몇 번이고 실패는 몇 번인지 등등 항목을 정해놓고 분석해야 하고요. 이렇게 한 팀이 한 시즌 동안 경기한 데이터를 쌓아 나가는 것이 분석 연습이죠.

분석할 때 다양한 시각을 배우는 게 좋은가요?

편 분석할 때 다양한 시각을 배우는 게 좋은가요?

김 경기 분석하는 방법을 배울 때 제일 좋은 방법은 여러 명이 함께하는 거라고 생각해요. 한 경기를 함께 봤다고 해서 모두 같은 의견이 있는 건 아니에요. 굉장히 다양한 시각들이 있어요. 그래서 여러 사람이 눈여겨본 것과 분석하는 내용을 듣는 것도 좋은 훈련이에요. 다른 사람들의 생각을 들으면 내가 보지 못한 것, 생각하지 못한 것을 발견하게 되고 경기를 보는 시야가 훨씬 넓어지죠. 그걸 통해서도 배우는 게 많을 거예요.

할 수 있다면 중고등학교 때부터 동아리를 만들어서 활동하는 게 좋아요. 대학에 갔을 때도 마찬가지로 여러 사람과 함께 경기를 분석하는 모임을 가지는 게 좋고요.

어떤 자질이 있다면 좋을까요?

편 어떤 자질이 있다면 좋을까요?

김 분석한 자료를 전달하는 커뮤니케이션 자질이 있어야 해요. 전력분석관의 일은 감독이 원하는 경기 철학에 따라 달라져요. 감독의 경기 철학을 모르고 내가 바라는 대로 경기 분석을 해서는 쓸모가 없어요. 예를 들어 골키퍼가 골을 가졌을 때 전방에 곧바로 롱패스하는 걸 좋아하는 축구 감독이 있어요. 그런데 전력분석관이 왜 골키퍼가 앞에 있는 선수에게 골을 안 주고 앞으로 뻥 차느냐는 부정적인 피드백을 가지고 갔다고 해 봐요. 그 분석은 필요 없는 것이 되겠죠. 이런 경우 감독의 경기 철학에 맞지 않으면 좋은 평가를 받기 어려워요.

그리고 촬영 장비나 컴퓨터를 다루는 걸 좋아해야 해요. 이일은 경기를 촬영하고 촬영한 영상을 필요한 부분만 편집하는 기술이 필요해요. 경기를 촬영할 때 어떤 각도가 더 좋은지 어떤 장면을 찍어야 하는지 순간적으로 판단하는 감도 필요하고요. 영상을 편집할 때 중요한 장면에 효과를 넣고 애니메이션 작업을 할 수 있는 기술도 있어야 하죠. 이런 작업을 좋아해야 할 수 있는 것 같아요.

23세 팀 황선홍 감독, 세르지우 코스타 코치 등
국가대표팀 코칭 스태프와 언제 어디서든 소통해요.

가장 중요한 것은 어떤 해결책이 있는지 찾아내려는 끈기와 집요함인 것 같아요. 경기가 끝나고 분석에 들어가면 같은 장면을 두세 번 보는 건 일도 아니죠. 그 이상 돌려보고 돌려보면서 문제점이 무엇이고 해결책이 무엇인지 집요하게 물고 늘어져야 해요.

편 대한축구협회에서 하는 전력분석관 전문가 과정에 대해 알려주세요

김 초급, 중급, 고급과정이 있고 각 과정은 두 단계로 진행돼요. 총 6번의 교육이 이루어지는 거예요. 처음 협회에서 전력분석관 교육을 시작할 때 제가 모든 교육과정에 대한 커리큘럼을 다 짜 놓았어요. 그런데 교육이 순차적으로 시행되려면 교육생들의 관심이 높아야 하고 요구가 있어야 하잖아요. 그건 확신하지 못했어요. 막상 교육을 시작하니까 감사하게도 현직 지도자들과 분석관에 관심이 있는 사람들이 지원을 많이 했어요. 마음 같아서는 모두에게 기회를 주고 싶었지만 정해진 교육 인원이 있어서 그러지는 못했죠. 현재는 고급과정 레벨 1까지 마친 상태고요, 앞으로 레벨 2도 시행될 예정이요.

편 초급과정은 어떤 사람들이 지원할 수 있나요?

김 초급과정은 C급 지도자 자격증을 가진 누구나 신청할 수 있어요. 정원이 약 20명 정도인데 지원자가 많아서 지원 서류를 보고 뽑아요. 지원자들은 유소년 지도자들도 있고, 선수 출

전력분석관 전문가 과정을 수료한 수료생들과 함께

신으로 전력분석관이 되기를 원하는 사람들도 있고, 대학에서 전력분석 과정을 공부한 학생들도 있어요. 초급과정이라고 해서 아주 기초를 가르치지는 않아요. 지원자 대부분이 영상 촬영을 할 수 있고 기본적인 분석 프로그램을 사용하고 있기 때문이에요. 보통 교육은 4박 5일 일정으로 이론과 실습을 함께 학습하고, 매일 영상을 편집하고 분석하는 과제가 있어요. 그 과제를 다음날 모든 수강생들 앞에서 발표하죠. 전력분석관은 자료를 만드는 일도 잘해야 하지만 자신이 분석한 내용을 발표해서

전력분석관 전문가 과정에서 강연

듣는 사람들을 설득시키는 능력도 필요해요. 물론 영상 촬영이
나 편집이 전문가 수준이 아니니까 촬영하는 원리나 노하우를
배우는 시간도 있고요. 초급과정은 전력분석관이 되는 과정이
라고 생각하면 될 것 같아요.

🔵 축구협회에서 이 교육과정을 계속 진행하나요?
🔵 2020년 10월에 중급 첫 번째 과정을 열었는데 지도자들
의 관심이 굉장히 높았어요. 레벨 1과 레벨 2, 두 파트로 진행되
었는데 레벨 1에서는 개인 선수의 전력분석에 관한 것을 주로
했고, 레벨 2에서는 팀 분석에 중점을 두었죠. 또 여러 가지 시
나리오 별로 분석하는 방법과 빅데이터 처리까지 하고 있어요.

고급과정도 두 파트가 있고 좀 더 전문적이고 실질적인 분야를 다루죠. 2022년 12월에 초급과 중급 과정을 하고 그다음에 고급과정을 할 예정이에요.

ⓟ 이 과정을 마치면 전력분석관으로 활동할 수 있나요?

ⓚ 교육과정을 하면서 준비가 잘 되어있는 수강생이 있으면 유소년 축구팀에서 파트타임으로 일할 수 있는 기회를 줘요. 대한축구협회는 유소년 선수들의 성장주기에 따라 골든에이지(12~15세), 포스트골든에이지(16~19세)로 나눠서 연령에 맞는 훈련을 통해 선수들의 성장할 수 있도록 하고 있어요. 골든에이지가 지나면 16세 팀, 17세 팀, 18세 팀, 19세 팀으로 세분화되고요. 전력분석관이 될 재능이 있는 수료생은 먼저 골든에이지 팀에서 활동하도록 해 봐요. 거기서 능력이 발휘되면 이제 다음 단계로 16세 팀을 맡아보고, 또 발전이 있으면 그다음 연령대로 옮겨서 일을 하고요. 그렇게 차근차근 단계를 밟아서 국가대표팀 전력분석관이 되기도 하고, 프로팀으로 가기도 해요. 여기서 일을 잘하면 스카웃 제의도 많이 받으니까요.

실제로 제가 강의하고 있는 전주대 학생들이랑 전문가 교육과정 수강생들이 지금 프로팀에 많이 가 있어요.

편 유소년 축구 지도자들도 전력분석 전문가 과정에 오나요?

김 이 과정이 있기 전에는 어떻게 하면 전력분석관이 되는지 그 방법을 모르는 사람들이 많았어요. 그래서 제가 지도하는 전주대 학생들뿐 아니라 전력분석관이 되고 싶은 대학생들이 많이 오고, 유소년 축구 지도자로 현장에서 활동하는 분들도 많이 와요. 유소년 팀 같은 경우는 따로 전력분석관을 채용할 수 없으니까 지도자들이 자기네 팀 전력분석 시스템을 만들려고 하죠.

이렇게 전문가 과정에 들어온 수강생이 다양해서 오히려 시너지가 날 때가 있어요. 그래서 저는 일부러 현장 활동이 풍부한 사람들과 이론적으로 접근하고 싶어하는 사람들을 섞어서 조를 짜요. 다른 시각을 가진 사람들이라 다양한 분석도 나오고 시야가 넓어지는 효과도 있더라고요.

편 어떤 경력을 쌓으면 도움이 될까요?

김 실력이 월등해서 처음부터 k1이나 k2의 프로축구팀으로 가면 좋겠지만 거기까지 가려면 경험을 많이 쌓아야 해요. 분석관의 경력을 쌓기 좋은 곳은 클럽팀이나 유소년 팀이에요. 분석관이 갖춰야 할 첫 번째 조건이 영상 촬영을 잘 할 수 있는 기술이기 때문에 6개월이든 1년이든 꾸준히 촬영하면서 기술을 발전시켜야 해요.

경기를 촬영하는 게 뭐 그리 어렵겠냐고 생각할지 모르겠지만 촬영을 하면서 이미 분석관은 우리 팀과 상대 팀의 전술, 선수들의 경기력을 분석하고 있는 거예요. 그래서 중요한 장면은 줌인으로 촬영해서 자세하게 보고, 선수들의 움직임이 클 때는 공의 흐름을 따라가면서 공을 쫓는 선수들을 놓치지 않아야 하고요.

여하튼 촬영이 끝나면 팀과 관련한 분석과 선수 개인에 대한 분석을 어떻게 해야겠다는 생각이 들어야 해요. 그리고 팀 보고서와 개인 선수 보고서를 쓰는 방법, 팀 영상과 개인 선수 영상을 편집하는 방법도 익혀야 하죠. 이렇게 클럽팀 내에서 분석 시스템을 만들고 팀과 개인 선수에 대한 프로파일을 쌓아 놓으면 자연히 분석 실력이 늘게 되어 있어요. 또 중요한 것은 자신이 만든 보고서와 편집 영상에 대한 피드백을 받는 거예요. 감독이나 코치, 선배 분석관들의 피드백을 받으면서 성장하는 거죠.

국가대표팀 전력분석관이 되는 방법이 궁금해요

편 국가대표팀 전력분석관이 되는 방법은 무엇인가요?

김 국가대표팀 전력분석관이 되는 프로세스를 말씀드릴게요. 처음엔 13~15세 팀의 전력분석관으로 시작해요. 이 연령을 골든에이지Golden Age라고 부르는데요, 아직 국가대표는 아니라서 경기가 열릴 때 파트타임으로 일할 분석관을 채용해요. 여기서 촬영하는 기술과 분석 프로세스에 익숙해지면 연령별 국가대표팀으로 갈 수 있어요.

파주 NFC 축구국가대표 트레이닝 센터

눈으로 뛰며 승리를 만들어가는
축구 전력분석관

AFC 대회에 나갈 준비를 하는 15세부터는 연령별 국가대표라고 해요. 15세부터 20세까지 연령별 국가대표팀이 있고 그다음으로 남자 23세 팀이 있어요. 23세 팀은 성인이고 거의 올림픽을 준비하는 대표팀이라고 할 수 있어요. 골든에이지 팀에서 경력을 쌓으면 연령별 대표팀으로 올라갈 수 있는 기회가 있어요. 그리고 여자대표팀도 있고, 마지막이 남자대표팀이에요.

모든 전력분석관이 골든에이지 팀부터 차근차근 올라오는 건 아닌데, 여기서부터 시작하면서 역량을 키워가는 게 중요한 것 같아요. 우리나라는 아직 전력분석관을 배출하는 과정이 정해진 것은 아니지만 앞으로 이런 시스템을 만들어 갈 것 같아요.

편 유학이 필요한가요?

김 제가 유학했던 영국이나 스포츠가 학문적으로 발달한 미국의 경우 대학원에 전력분석관을 전문적으로 배출하는 석사 과정이 꽤 많아요. 축구는 영국이 전통도 있고 스포츠를 학문적으로 접근하는 역사도 깊고요. 미국에서 전력분석관으로 석사 학위를 받아 오는 사람들도 있죠.

외국에 가서 공부를 하고 학위를 받았다고 한국에 와서 모두 전력분석관이 되는 건 아닌 것 같아요. 학력보다는 실력이 더 중요하니까요. 대한축구협회에서 전력분석관을 뽑는다고 공고를 내면 외국에서 공부하고 온 사람들도 많이 지원을 해요. 서류를 통과하면 실기 시험을 보는데 그때 자신의 실력을 보여 줘야 해요. 어느 학교 출신인지 어떤 학위를 받았는지는 중요하지 않죠.

실제로 국가대표팀 전력분석관 중에 저처럼 유학을 갔다 와서 전력분석관이 된 사람은 저하고 여자팀 전력분석관 둘 뿐이에요. 제가 영국으로 유학을 갔던 이유는 당시에 한국에서는 전력분석관을 배출하는 교육시스템이 없었기 때문이에요. 다른 분들도 마찬가지일 거예요. 한국에서 충분히 배울 기회가 있다면 유학을 가고 안 가고는 개인의 선택이 되겠죠.

카디프 메트로폴리탄 대학 Cardiff Metropolitan University

전력분석 석사과정 Performance Analysis

Manual Analysis 경기 분석과 관련해 어떤 것을 기록하고 어떻게 분석할 수 있는지 알려주는 과목

Computerised Analysis 컴퓨터를 활용해서 데이터를 수집하고 분석하는 방법을 배우는 과목

Reliability Test 분석의 신뢰성을 확보하는 방법에 대해 배우는 과목

Feedback 교육학적인 차원에서 효과적인 피드백을 하는 방법을 배우는 과목

Coaching Behaviour 지도자로서 선수들의 수행 능력을 향상시킬 수 있는 교육적인 행동을 배우는 과목

Performance Analysis 전력분석에 관한 실질적인 내용을 배우는 과목

Biomechanic Analysis 신체역학분석에 관한 내용을 배우는 과목

Independent Study 개인이 수행해야 하는 5가지 모듈 과제

이론
Manual Analysis
Computerised analysis
Reliability test
Feedback
Coaching behaviour

실기
분석 설계
편집 효과
분석작업
프레젠테이션

편 외국어를 잘해야 하나요?

김 국가대표팀 전력분석관이 되고 싶다면 영어로 의사소통을 할 수 있어야 해요. 국가대표팀은 외국에 나갈 일이 많을 뿐만 아니라 외국 국가대표팀 전력분석관들과 관계도 맺어야 해요. 경쟁 관계이긴 하지만 서로 알고 지내면서 정보도 주고받거든요. 우리가 맞붙어야 할 국가에 대한 정보가 없을 때 도움을 요청하기도 하고, 우리도 상대방이 요청하는 정보를 주기도 해요. 그리고 지금 국가대표팀을 이끄는 벤투 감독님을 비롯해 여러 코칭 스태프가 외국인이에요. 전력분석관은 이분들과 함께 전술회의도 하고 훈련 프로그램도 짜는 등 긴밀하게 얘기해야 하니까 영어는 필수라고 생각해요.

프로팀도 마찬가지로 영어를 잘하는 전력분석관을 더 선호해요. 외국인 감독님들도 많고 외국에서 온 용병 선수들도 많으니까요. 물론 통역하는 분이 있기는 하지만 한 팀에서 생활하면서 전술적인 도움을 줄 때 영어를 잘하면 더 편하죠. 그리고 요즘엔 스포츠 선수들도 영어를 잘해요. 우리나라 선수들이 활동하는 무대가 한국을 넘어서 해외로 많이 나가거든요.

축구
전력분석관이
되면

국가대표팀 전력분석관은 어떻게 구성되어 있나요?

🔵 국가대표팀 전력분석관은 어떻게 구성되어 있나요?

🔵 국가대표팀 분석관은 대표팀을 전담하는 분석관과 교육·연구를 담당하는 분석관, 이렇게 두 파트로 나뉘어 있어요. 대표팀은 남자 A팀과 여자 A팀 분석관이 따로 있어서 대표팀 소집이 있을 때나 없을 때나 전담으로 맡아요. 연령별 대표팀 분석관은 전담 분석관 한 명과 전임 분석관이 3명이 있어요. 그런데 연령별 대표팀이 소집되었을 때 이 인원으로는 부족해서 도와줄 분석관을 파트타임으로 채용해서 운영하고 있죠. 13세에서 15세 사이의 골든에이지 대표팀의 경우는 보통 파트타임 분석관이 전력분석을 담당해요.

🔵 파트타임으로 일할 분석관은 준비되어 있나요?

🔵 평상시에 파트타임으로 일할 전력분석관을 10~15명의 인력풀人力pool*로 확보해 놓고 있어요. 협회에서 개최하는 분석

---

* 인력풀(人力pool) : 인력 충원이 필요할 때를 대비하여, 심사를 거쳐 직무 수행에 적합한 사람을 미리 확보해 놓은 집단.

관 교육에서 실력을 발휘한 분들과 대학교에서 전력분석을 공부하는 학생들 중 분석에 관심이 있고 잘하는 사람들이죠. 예를 들어 여자 16세 대표팀이 소집되었다고 하면 인력풀에 있는 사람들 중에서 소집 기간에 일할 수 있는 사람을 파트타임으로 채용해요. 그 사람들이 전임 분석관을 도와 소집 지원도 하고 전력분석도 하죠. 파트타임으로 일하는 사람들에게는 경력도 쌓고 실력도 쌓는 기회가 되거든요.

편 연구를 담당하는 분석관은 무슨 일을 하나요?

김 연구를 전담하는 분석관은 교육 자료와 영상을 만드는 일을 주로 해요. 교육 자료와 영상은 대표팀 선수들 교육뿐 아니라 분석관 교육, 축구지도자 교육을 할 때도 필요해요. 그래서 연구원은 축구에 대한 전술적이고 전문적인 지식을 가지고 있어야 하고, 축구의 세계적인 흐름을 파악하고 있어야 해요. 월드컵 대회나 세계적인 대회가 있을 때는 협회 지도자들과 함께 데이터를 검토하고 영상을 만들어서 발표도 하죠.

편 축구협회는 프로팀과 달리 전력분석관이 많은 것 같아요. 그중에 김보찬 분석관은 무슨 일을 하시나요?

김 축구협회에 있는 두 부서를 총괄하는 사람이 리더 분석관이에요. 헤드 오브 퍼포먼스 아날리시스Head of Performance Aanalysis라고도 하죠. 그게 제가 하는 일이고요.

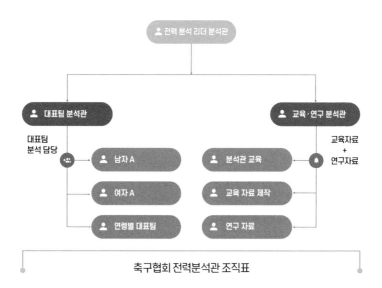

축구협회 전력분석관 조직표

감독님이 바뀌면 분석관도 바뀔 수 있나요?

㉠ 감독님이 바뀌면 분석관도 바뀔 수 있나요?

㉣ 새로운 감독님이 외국에서 오실 때 분석관을 데려오는 경우가 많아요. 국가대표팀에 벤투 감독님이 오시면서 분석관도 함께 오셨어요. 감독님마다 선호하는 분석관이 있으면 이렇게 데리고 오시죠. 그렇다고 모든 팀의 분석관이 다 바뀌는 건 아니에요. 기존에 있던 분석관이 다른 팀으로 옮기거나 역할을 달리할 수 있어요.

다른 종목에 비해
축구의 전력분석이 어려운 이유는 뭔가요?

편 다른 종목에 비해 축구의 전력분석이 어려운 이유는 뭔가요?

김 배드민턴이나 테니스 같은 종목은 1:1, 혹은 2:2 경기니까 공이 간 후 움직이는 곳이 어디인가만 잡으면 돼요. 네트가 있는 종목은 선수들이 네트를 넘어가지 않으니까 움직임이 적어요. 경기 중에 발생하는 변수도 많지 않고요. 선수가 몇 명 더 투입되는 배구도 마찬가지고요. 또 벽이 있는 스포츠인 스쿼시나 야구도 그래요. 야구는 선수가 여러 명이지만 역시 공이 가는 곳에 있는 선수의 움직임과 출루한 선수의 움직임 정도가 분석의 대상이죠.

그런데 축구는 달라요. 축구는 골키퍼를 제외하고 열 명의 선수가 다 경기장 안에서 움직여요. 상대 팀까지 하면 스무 명의 선수가 있으니까 이 스무 명의 움직임을 모두 파악해야 해요. 공격할 때 선수들의 위치와 수비할 때 위치, 공격하다가 수비로 바꿔야 할 때의 움직임, 수비하다가 공격으로 전환할 때 선수들의 위치 등 경기 중에 갑자기 발생하는 모든 변수를 읽고 준비해야 하니까 어느 종목보다 경기 분석이 어렵죠.

편집 영상이 영향을 많이 주는 연령이 있나요?

(편) 편집 영상이 영향을 많이 주는 연령이 있나요?

(김) 편집 영상은 유소년 선수들에게 중요한 성장의 도구로 사용되고 있어요. 경기 후 개인 선수들의 강·약점이 드러난 영상과 데이터를 모아놓고 꾸준히 관리한다면 큰 발전을 이룰 수 있어요. 데이터를 기반으로 한 영상의 장점은 여기서 드러나요. 자신의 강·약점에 대해서 더욱 객관적으로 이해할 수 있으니까요. 또 시즌 동안 변화되는 추이를 통해서 발전 방향성을 제시할 수 있고 선수의 성장에 동기부여가 될 수 있죠.

유소년 팀은 훈련하기 전에 코칭 스태프랑 어떤 전술을 쓸건지 영상으로 만들어서 선수들에게 보여주고 그대로 훈련을 시켜요. 그러면 실제 경기를 할 때 실력이 향상되는 게 눈에 띄게 보여요. 한 번은 잘 안 됐던 전술을 먼저 보여주고 훈련에 들어갔어요. 그랬더니 놀랍게도 그날 바로 변화된 모습이 드러났어요.

이렇게 어린 선수들일수록 분석 영상의 힘이 있어요. 그래서 어린 선수들의 분석 영상은 성인 대표팀보다 좀 더 길고 자세하게 만들어요. 예전에는 훈련이 끝나고 이렇게 하라고 말로 피드백을 했는데 요즘에는 바로 영상으로 확인할 수 있으니까 영상을 잘 활용하면 어린 선수들이 성장하는 데 큰 도움이 되죠.

(편) 국가대표팀 전력분석관의 근무 시간은 어떻게 되나요?

(김) 일반 회사원처럼 주 5일 9시에 출근해서 6시에 퇴근하는 일은 아니에요. 출근하는 날이 따로 정해진 것도 없고요. 국가 대표팀에서 하는 일은 크게 국가대표 소집이 있을 때와 없을 때로 나뉘어요. 소집이 있으면 선수들과 함께 합숙하면서 훈련 하고 대회에 출전해요. 짧게는 일주일, 길게는 한 달 이상 합숙

경기가 있을 때는 항상 선수들과 함께

눈으로 뛰며 승리를 만들어가는
축구 전력분석관

을 하죠. 선수들을 소집하는 때는 월드컵 예선이나 본선, 아시안 컵, 프랜들리 매치 등과 같은 국제 대회가 있을 때예요. 대략 1년에 5~6회 정도 소집을 하죠. 한국에서 경기를 하는 경우도 있고 외국에서 하는 경기도 있어서 선수들과 일정을 함께 해요. 이때는 밤낮도 없고 주말도 없어요. 대회가 끝나고 일정이 마무리될 때까지 계속 일을 하는 거예요. 소집이 없을 때는 평상시 업무가 있어요. 교육과 연구를 주로 하는데요. 전력분석관 전문가 과정도 개최하고 다른 교육도 하고 있어요. 교육 내용을 준비하고 교육하는 것도 우리 일이죠. 그리고 연구는 평소에 꾸준히 진행해요. 선수들의 상태를 체크하는 것도 있고요. 그래서 저는 하루에 4~5일은 여기 파주 NFC에 나와서 일하고 있어요.

편 국가대표팀 소집이 없을 때는 무슨 일을 하나요?

김 월드컵 대회가 있는 해는 좀 더 소집이 많고 보통은 일 년에 5, 6번 국가대표 소집이 있어요. 그때는 국가대표팀 일에 전념하죠. 그리고 나머지 시간에는 축구협회에서 하는 분석전문가 과정 교육 강사로 일해요. 그 외에 지도자 교육과 관련된 콘텐츠도 만들고 강의도 하죠. 또 전주대 경기분석학과에서 분석 관련 과목 강의도 하고, 교육에 필요한 강의 자료들을 만들죠. 그리고 연구 파트에서도 축구 전술에 대한 연구도 하고 자료도 만들고요. 국가대표팀 경기가 없더라도 평상시에 유럽 국가들에서 하는 경기 영상을 늘 봐요. 그게 다 분석 대상이고 데이터니까요.

전력분석관의 연봉은 얼마나 되나요?

🔵 전력분석관의 연봉은 얼마나 되나요?

🔵 경력에 따라서 또 소속된 곳에 따라서 연봉은 차이가 있어요. 맨 처음 전력분석관이 되면 보통 3천만 원 정도 되고요. 경력이 쌓이고 직급이 올라가면 연봉도 당연히 올라가죠. 또 소속한 팀의 재정상태와 성과에 따라서도 달라져요. 연봉 외에 승리 수당이랑 경기 수당이 따로 있는 프로팀도 있어서 연봉이 1억 넘는 경우도 있죠. 프로팀은 대기업에서 운영하는 팀과 시에서 운영하는 팀이 좀 달라요.

축구 전력분석관은 우리나라에 얼마나 있나요?

(편) 축구 전력분석관은 우리나라에 얼마나 있나요?

(김) 국가대표팀과 프로팀은 모두 전력분석관이 있어요. 우리나라에 12개의 프로팀이 있고 전담 분석관이 한 팀당 한두 명씩 있어요. 필요하면 파트타임 분석관을 두고요. 그래서 전임으로 일하는 분석관 수는 아직 많은 편은 아니에요. 하지만 요즘 분석관의 전문성을 인정받고 있어서 앞으로는 더 많이 채용할 것 같아요. 얼마 전에 어느 팀에서 데이터 분석관을 따로 뽑았다는 기사도 났거든요. 그만큼 분석관이 맡은 역할이 중요하다는 게 알려지고 있어요.

편 유소년 팀만 맡는 분석관도 있나요?

김 영국의 분석관들 중에는 프로팀으로 가지 않고 유소년 팀에서 선수들을 육성하는 일만 하는 분들도 있어요. 이강인 선수나 손흥민 선수가 유소년 팀에서 성장했던 것처럼 그렇게 훌륭한 선수들을 키워내는 분석관으로 자신만의 영역을 만들어 내는 거죠. 또 유소년 팀에서 실력을 키우고 있다 보면 어느 순간에 프로팀으로 가게 될 기회가 생기고요.

편 이 일의 고충이 있다면?

김 해외 출장이 많은 데서 오는 어려움이 있죠. 일단 선수단이 움직이면 가져가야 할 짐이 엄청 많아요. 파주 트레이닝센터에서 공항까지, 또 도착한 공항에서 호텔까지 짐을 옮기고 빠진 것이 없나 점검하는 게 쉽지는 않아요. 그리고 시차 적응도 좀 힘들어요. 가까운 나라는 괜찮은데 밤낮이 완전히 반대인 나라에 가는 경우도 많으니까요.

또 문화의 차이에서 오는 어려움도 있어요. 전력분석관은 경기가 열리기 전날에 경기장에 가서 카메라를 설치할 위치를 잡아야 해요. 대체로 경기장 관중석의 맨 위에 카메라를 설치할 수 있는데요. 경기장마다 구조가 다르고 올라가는 방법도 달라서 미리 가서 점검하지 않으면 안 돼요. 보통의 경우 우리가 카메라 설치할 장소 보러왔다고 하면 경기장 문도 열어주고 어떻게 가라고 알려주거든요.

그런데 중동의 나라들에 가면 경기장에 들어가는 것부터 어려울 때가 있어요. 내일 열릴 경기 때문에 왔다고 하는데도 문도 안 열어주고 관계자를 찾아서 확인해야 한다며 기다리라

해외 이동이 잦은 국가대표팀. 비행 중에도 필요하면 분석을 해요.

고 해요. 또 경기장 구조가 특이한 곳들이 있어서 관중석 꼭대기로 올라가는 계단이나 엘리베이터를 찾기 어려운 경우도 있고요.

프로 구단에 있는 전력분석관의 경우 해외 출장은 많지 않지만 국내에서 지방 출장이 많죠. 팀이 경기하는 곳에 함께 가야 하니까요.

편 다른 직업으로 진출할 수 있나요?

김 외국에서는 전력분석관 출신이 코치가 되고 감독이 되는 경우가 많아요. 우리나라는 아직 전력분석관 출신으로 국가대표팀이나 프로팀 코치나 감독이 된 사례는 없어요. 하지만 분석관이 지도자가 되고 지도자가 분석관이 되어야 한다는 필요성은 이제 모두 인정하는 것 같아요. 아직 우리나라에서는 분석관의 역사가 짧으니까 그런데 앞으로는 그런 길도 열릴 거라 생각해요.

그리고 선수들을 영입하는 전문 스카우터가 되기도 하죠. 우리나라도 스포츠 분석 회사들이 꽤 있어요. 그런 곳에 가거나 스포츠 데이터를 전문적으로 다루는 회사, 스카웃을 전문으로 하는 회사로 진출이 가능하죠.

나도
축구 전력분석관

분석할 축구팀의 키 플레이어와 주요 선수를 선정하고
자료를 모아 정리해보세요.

✕
✕
✕

선수 이름 :

출생 :

소속팀 :

신체 :

Play Style :

선수 이름 :

출생 :

소속팀 :

신체 :

Play Style :

선수 이름 :

출생 :

소속팀 :

신체 :

Play Style :

선수 이름 :

출생 :

소속팀 :

신체 :

Play Style :

선수 이름 :

출생 :

소속팀 :

신체 :

Play Style :

선수 이름 :

출생 :

소속팀 :

신체 :

Play Style :

선수 이름 :

출생 :

소속팀 :

신체 :

Play Style :

선수 이름 :

출생 :

소속팀 :

신체 :

Play Style :

축구 경기를 보고 빈도표(Frequency table)를 만들어보세요.

선수 \ 행위	패스	드리블 성공	슛	빼앗긴 공
김OO	V V V	V V	V	V V V V
박OO	V V	V		V V

축구 경기를 보고 패스 미스 데이터를 만들어보세요.

✕
✕
✕

선수	시간	패스 미스	패스 미스 전 상황	위치
1번	12:09	2	후방 빌드업	건설지역

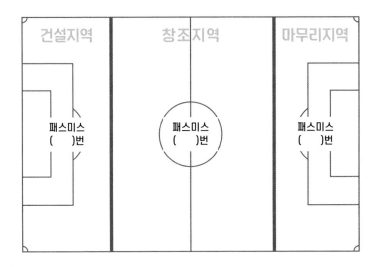

경기를 보면서 Attacking 3rd 진입형태 중 킥 데이터를 분석해요.

✖
✖
✖

선수	시간	진입 전 지역	진입형태	3rd 진입결과	비고
1번	05:22	Middle Third	Kick	실패	
2번	14:26	Defensive Third	Kick	성공	GK

경기를 보면서 Attacking 3rd 진입형태 중 숏패스 데이터를 분석해요.

✘
✘
✘

선수	시간	진입 전 지역	진입형태	3rd 진입결과	비고
1번	05:22	Middle Third	Short pass	성공	유효슈팅
2번	14:26	Defensive Third	Short pass	성공	득점

아래의 그림처럼 축구장에 선수들의 위치를
표시하고 행위에 대해 표시해 보세요.
표시할 항목의 약자를 먼저 쓰고 횟수를 기록합니다.

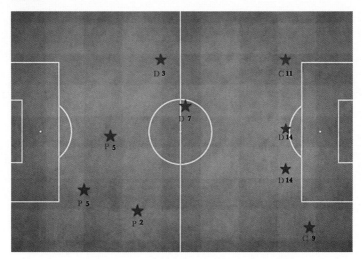

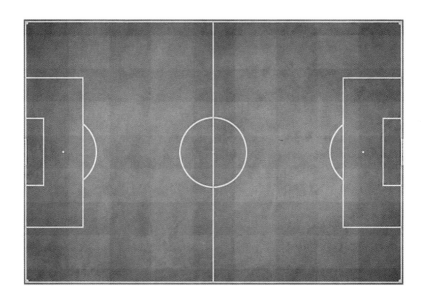

눈으로 뛰며 승리를 만들어가는
축구 전력분석관

축구 전력분석관
김보찬 스토리

🖊 어렸을 땐 어떤 아이였는지 궁금해요.

🟢 아버지는 회사원이었고 어머니는 약사였어요. 두 분은 제가 뭘 하든 항상 응원하고 밀어주셨죠. 어렸을 때 축구를 잘한다는 소리를 많이 들었고 저도 축구를 정말 좋아했어요. 그래서 학교가 끝나면 애들이랑 공 차고 축구 경기를 하고 TV로 경기도 보고 그랬어요. 그때 국가대표팀에 김주성 선수가 있을 때였는데 우리나라가 경기에서 지면 방문 잡고 울었던 기억이 나네요. 그러다 제가 축구를 너무 하고 싶어하니까 축구팀이 있는 학교로 전학을 보내주셨어요. 원래는 집 앞에 있는 초등학교를 다녔는데 전학 간 학교는 꽤 먼 곳이었어요. 매일 부모님이 통학할 수 있게 도와주셨죠.

초등학교 5학년 때 강서초등학교 축구팀에서 뛰었어요. 잘한다는 소리도 들었는데 1년 정도 하니까 제가 엘리트 축구인이 되는 게 안 맞는다는 생각이 들었어요. 그래서 그만두고 공부하는 길을 택했죠. 그렇지만 축구를 좋아하는 마음은 항상 똑같았어요. 세상에서 축구만큼 재미있는 스포츠가 없더라고요.

🖊 축구를 그만두고 다른 꿈이 있었나요?

🟢 축구선수가 되겠다는 꿈은 접었지만 중고등학교 때도 축구만큼 재미있는 건 없었어요. 쉬는 시간이고 점심시간이고 잠

깐 시간만 나면 운동장에 나가 공을 차고 놀았어요. 그리고 중고등학교 때 학교 대표로 나가 대회도 뛰었죠. 선수를 기르는 축구팀이 아니라 일반 학생들이 취미로 하는 팀이긴 했지만요. 다른 친구들이 게임에 빠질 때도 저는 축구만 좋아했어요. 이상하게 게임도 조금만 하면 질리더라고요. 머릿속에 온통 축구밖에 없었다고나 할까요.

지금 돌아보니 좀 후회되는 게 있어요. 사람이 한가지 경험을 깊게 파고 들어가는 것도 좋지만 다른 경험도 하면 균형이 잡히잖아요. 그런데 저는 테니스도 조금 배우다 말았어요. 다른 운동도 조금만 배우면 흥미가 떨어졌고요. 축구를 좋아하는 마음의 반만이라도 열심히 하고 다양한 생활을 했으면 좋았겠다고 생각해요. 너무 외골수였던 거죠. 그래서 중고등학교 생활 중에 기억나는 게 축구밖에 없어요. 그게 장점이기도 하지만 단점이었다는 걸 이제 알게 되더라고요.

🔵편 대학 생활은 어땠나요?

🔵김 대학을 진학할 때만 해도 무엇을 해야겠다는 꿈은 없었어요. 운동을 좋아하니까 체육학과에 간 거고요. 대학에 가서는 이것저것 경험도 하고 재미있게 놀아보려고 노력도 했어요. 그런데 딱 6개월 지나니까 다 시들시들해지더라고요. 그래서 생

꿈을 이루고 축구장으로 돌아온 전력분석관 김보찬

각했죠. 내가 남들처럼 평범하게 대학을 졸업하고 사무직을 하든 뭐를 하든 그냥 직업을 잡아서 결혼하고 가정을 꾸려서 살면 행복할까? 몇 달 동안 진지하게 고민했어요. 그리고 깨달았죠. 인생이라는 게 하기 싫은 일을 하면서 살면 되게 길고 지루하겠다. 내가 좋아하는 축구 분야에서 일을 한번 해 봐야겠다. 이렇게 결심하니까 모든 게 명확해진 것 같았어요.

편 축구 분야에서 일하고 싶다는 꿈을 위해 어떤 준비를 했는지 궁금해요.

김 일단 열심히 공부했어요. 학점 관리도 잘했더니 우수상 받고 졸업을 하게 되었고요. 그런데 체육학과를 졸업한 것만 가지고는 축구 분야에서 특화된 일을 할 수 있을 것 같지 않았어요. 이것저것 알아보다가 대학교 4학년 때 우연히 윤형길 박사님이 축구선수들을 대상으로 심리상담을 하는 걸 보게 되었어요. 스포츠 심리학 책도 읽어보니까 이걸 공부하면 축구 분야에 들어갈 수 있지 않을까 생각했어요.

　　찾아보니 서울대 체육학과 교육대학원에 스포츠과학 전공이 있는데 교육과정에 스포츠 심리학이 있었죠. 그래서 4학년 때 심리학 책을 보면서 열심히 준비했어요. 필기시험 과목도 네다섯 가지이고 면접시험도 있었는데 경쟁률이 꽤 세더라고요.

운이 좋아서 그랬는지 1년 준비하고 대학원에 들어갈 수 있었죠. 그런데 한 학기 다니고 그만뒀어요.

편 대학원을 그만두고 영국 유학길에 오른 건가요?

김 어렵게 준비해서 들어갔는데 막상 수업을 들어보니 제가 추구하는 거랑 다르다는 느낌이 들었어요. 저는 대학원에서 배워서 축구 경기가 펼쳐지는 현장으로 갈 수 있을 거라는 꿈을 꾸었는데 학교에서 배우는 것은 학문적이고 이론적인 것이었어요. 대학원생들도 교수가 되고 싶은 사람이 많았고요. 제가 원했던 공부가 아니라는 생각이 들더라고요. 그런데 대학원 다니면서 어떤 학회에 갔다가 우연히 영국 웨일즈에 있는 한 대학교에 퍼포먼스 아날리시스Performance Analysis 석사과정이 있다는 걸 알게 되었어요. 거기서 박사학위를 받은 분을 만나 얘기를 들으니까 딱 한 가지 생각밖에 안 들더라고요. 영국에 가야겠다!

그때부터 영어 공부를 시작했어요. 영국으로 유학을 가려면 아이엘츠IELTS라는 시험을 봐서 일정 점수를 받아야 하는 조건이 있어요. 지원할 점수를 넘을 때까지 정말 열심히 공부했죠. 그다음엔 학업 계획서를 쓰기 시작했어요. 영국의 대학원은 한국처럼 한날한시에 시험을 치는 게 아니라 수시 모집을 해요.

자기가 공부하고 싶은 분야의 교수에게 어떤 공부를 하고 싶고 어떻게 공부할 계획이라는 내용을 써서 지원하면 되는 거죠. 저는 축구를 얼마나 좋아하고 어떤 식으로 분석하면 좋을 것이라는 내용을 써서 보냈어요. 감사하게도 입학 허가가 나와서 영국으로 가게 되었죠.

편 어떤 마음가짐으로 영국에 가게 된 건가요?

김 영국에 가면서 결심한 게 있어요. 빨리 석사과정을 마치고 한국으로 돌아와 직업을 찾아야지가 아니라 영국이라는 큰 무대에 한번 도전을 해보자는 것이었어요. 영국인들과 경쟁을 하겠다고 마음먹고 처음으로 한 일은 한국어를 한마디도 안 쓰는 거였어요. 한국에 대한 기사도 안 보고 그랬죠. 대학원 수업이 시작되기 몇 달 전에 영국으로 가서 먼저 어학연수를 했어요. 그때는 하루에 10시간씩 잤어요. 다른 언어를 받아들이려니까 머리가 너무 힘들었나 봐요. 사실은 어학연수 때보다 대학원에 가서 보낸 몇 개월 동안 영어 실력이 훨씬 많이 늘었어요. 6개월 정도 지나니까 영어로 꿈을 꾸더라고요.

편 대학원 생활은 힘들지 않았나요?

김 대학원 수업은 1년이에요. 수료하고 2년 안에 논문을 내면 석사학위를 주죠. 일주일에 한 번 수업이 있는데 과목을 모듈이라는 단위로 나눠서 해요. 모듈 수업은 여러 개가 있는데 수업을 들으면서 각 모듈마다 소논문을 하나씩 써서 통과해야 하죠. 사실 1년 동안 모듈 과목을 이수하는 것도 쉽지는 않아요. 저는 소논문을 여러 개 쓰면서 석사 논문도 준비했어요. 그래서 1년 후 과정을 마치면서 석사학위를 받을 수 있었죠.

제가 이렇게 서둘렀던 건 빨리 현장에 가서 일하고 싶은 마음 때문이었어요. 학생 신분으로 받은 비자는 일주일에 20시간 파트타임만 일할 수 있는데 석사학위를 받으면 풀타임으로 일할 수 있는 비자를 받거든요.

편 유학생활에서 힘들었던 점은 뭔가요?

김 제가 부모님의 지원을 길게 받았잖아요. 한국에서 대학원도 다니고 다시 영국에서 대학원을 다녔으니까요. 부모님께 미안한 마음이 많았죠. 그래서 어떻게 해서든 석사학위를 빨리 마치려고 했던 거고요. 그런데 제가 한참 영국에서 공부하던 중에 어머니가 다시 약국에 나가서 일하신다는 걸 알게 되었어요. 몸이 좀 안 좋으셔서 쉬고 계셨는데 제 학비랑 생활비가 비싸니까 어머니가 다시 일하신다는 거예요. 그 말을 듣고 정말 많이 울었어요. 저를 위해서 너무 희생하시는 것 같아서요.

그래서 부모님 부담을 덜어드리려고 아르바이트를 찾았어요. 아침부터 저녁까지는 제가 할 일을 해야 하니까 방해받지 않는 시간이 새벽밖에 없었어요. 새벽 5시에 매장에서 청소하는 일을 두 달 정도 했어요. 그때 웨일즈 축구협회에서 파트타임으로 일해보자는 제안이 와서 나왔죠.

그리고 인종차별을 좀 당하는 일들이 있었어요. 요즘 손흥민 선수도 인종차별을 당한다는 기사도 나잖아요. 저도 마찬가지로 인종차별을 당한 경험이 있어요. 그런 일들도 유학생활을 좀 힘들게 했던 것 같아요.

🖊 공부하면서 꿈을 이루기 위해 어떤 일을 했는지 궁금해요.
🖊 대학원이 여러 축구 구단과 축구협회랑 연계를 맺고 있어서 수업 첫날 구단과 협회 관계자들이 와서 수시로 인턴을 뽑고 있으니 지원해보라고 하더라고요. 대부분의 학생들이 지원을 하는 것 같았어요. 저는 처음엔 지원하지 말까 생각했어요. 준비가 덜 된 것 같았고 지원한다고 뽑아줄지 자신이 없었거든요. 그런데 이걸 도전하지 않으면 겁쟁이 같아서 용감하게 지원했죠. 영어 준비도 했으니까 기본적인 의사소통은 할 수 있겠다 싶어서 부딪혀보자고 생각했던 거죠.

다행히 웨일즈 축구협회에서 기회를 줬어요. 처음엔 아주

영국 웨일즈 축구협회에서 일하던 시절

조그마한 역할이었는데 점점 맡은 일이 늘어났어요. 축구협회
에서도 저에게 기회를 줄 때 반신반의했던 것 같아요. 그런데
제가 맡은 역할을 충실하게 하니까 점점 더 많은 일이 주어지더
라고요.

편 석사과정을 마치고 꿈을 이루었나요?
김 1년 만에 석사학위를 받고 나서는 본격적으로 일을 했어
요. 스완지시티 유소년팀에서 1년 일했고 웨일즈 축구협회의
일도 지속적으로 했죠. 아마 한국인으로서 영국에서 공부하고
일하게 된 1세대가 아닐까 싶어요. 당시에는 한국인이 영국 프

로팀의 분석관으로 채용된 건 드문 일이었죠. 그리고 시간을 쪼개서 스카웃터 회사의 일도 했어요. 전 세계에 있는 프로 선수들의 데이터를 수집하는 회사였는데 저는 그중에서 아시아 선수들의 데이터를 수집하는 일을 했죠.

무엇보다 제가 맡고 있는 스완지시티 유소년팀의 자료를 엄청 많이 만들고 적극적으로 일했어요. 제가 일을 열심히 하는 걸 눈여겨 봤던지, 하루는 스완지시티의 1군 성인 분석관이 저한테 만들어 놓은 자료를 한번 가져와 보라고 하더라고요. 자료를 보더니 나쁘지 않다고 하면서 다음 시즌에 같이 일하자고 했어요. 그때는 정말 기뻤죠. 제가 진짜 원했던 일이거든요. 사실 1군에 들어가는 게 정말 어려워요. 그 어려운 기회가 저한테 온 거죠. 영국에서 자리를 잡고 세계 무대로 도전하겠다는 꿈에 한 발 다가갔다는 희망도 생겼고요.

편 마침내 꿈을 이룬다고 기뻐했을 것 같아요. 그런데 어떤 계기로 스완지시티를 그만둔 건가요?

김 축구는 한 시즌이 끝나면 한두 달 정도 쉬는 기간이 있어요. 그동안 저는 준비를 하면서 기다리고 있었죠. 그런데 하루는 웨일즈 축구협회 일을 하러 가는 중이었는데 라디오에서 스완지시티 감독이 레스터시티로 갔다는 뉴스가 나오는 거예요.

바로 감독님한테 전화했죠. 그랬더니 미안하게 됐다고 하시면서 현재 소속된 분석관들은 다 데려가는데 저는 구단의 상황을 봐야 한다고 말씀하시더라고요. 저는 아직 소속된 분석관이 아니라서 감독님 팀에 합류할 수가 없었던 거죠. 그리고 새 감독님이 오시는 걸 기다렸어요. 그 감독님 또한 분석관을 데려왔고 함께 일할 분석관을 뽑았죠. 몇 명이 지원했는데 저는 떨어졌어요.

편 꿈을 이루었다고 생각했는데 실망이 컸겠어요.

김 그렇게 되니까 딱 번아웃이 온 것 같아요. 3년 정도 영국에서 생활하면서 저 자신을 막 밀어부쳤거든요. 영국 친구들도 많이 사귀어서 웨일즈 지역은 놀러 다니기도 했지만 다 짧은 시간밖에 내지 못했어요. 그래서 가까운 곳에 있는 스코틀랜드나 마음만 먹으면 갈 수 있는 프랑스도 안 가봤죠. 이렇게 여유 시간도 없이 죽자사자 열심히 공부하고 일했는데 스완지시티팀 1군에서 합류할 기회가 사라지니까 픽 쓰러지게 되더라고요.

마음도 조급했어요. 비자 때문에 2년밖에 영국에 머무를 수 없는데 그 시간 안에 어디를 다시 들어갈 수 있을까, 들어가더라도 또 변수가 생겨서 6개월 만에 그만두게 되면 그다음엔 어쩌나, 이런 걱정도 많았고요. 사실 인종차별도 많이 당했는데 그것까지 이겨낼 힘이 당시엔 남아있지 않았던 것 같아요.

🔵편 그럼 영국 생활을 완전히 정리하고 한국으로 들어온 거네요.

🔵김 네. 그리고 바로 이반스포츠라는 스포츠 에이전트 회사에 들어갔어요. 제가 유학 중에 한국에 딱 한 번 들어왔는데 그때 우연히 그 회사의 사장님을 뵌 적이 있어요. 스포츠 선수들에 대한 스카웃 시스템을 만들고 싶어 하는 분이라 그 분야에 투자를 많이 하는 분이었어요. 그게 인연이 돼서 한국에 와서 바로 회사에서 일을 시작했죠.

이 회사에서 하는 일이 제가 공부한 것이나 선수들을 분석했던 일과 다르지 않았어요. 전력분석에서 선수들에 대한 데이터를 쌓고 기량을 분석하는 건 기본적인 일이니까요. 회사에서는 개인 선수 분석을 기본적으로 하면서 분석 시스템과 스카웃 시스템을 만드는 일을 했어요. 제가 막 회사에 들어갔을 때는 한국에서 영상 분석에 대한 데이터를 쌓아 놓은 분석 시스템이 구축된 곳이 거의 없었거든요. 다행히 사장님이 저한테 이 일을 할 수 있도록 판을 깔아주신 거죠. 영상을 분석하는 시스템을 만들면 축구뿐 아니라 야구, 배구, 농구 등등 모든 스포츠 분야를 아우를 수 있어요.

🔵편 에이전트 회사에서도 분석 관련한 일을 하신 거네요?

🟢김 구체적으로는 회사에 소속된 선수들의 경기를 직접 촬영해서 분석하고 그 분석 자료를 가지고 이적을 하거나 선수 평가를 하는 데 쓸 수 있도록 하는 일이었어요. 지금은 선수들에 대해 쌓인 데이터를 활용하는 게 보편화되어 있지만 그때까지만 해도 영상을 구하는 것도 어려워서 데이터를 만드는 게 쉽지 않았어요.

이제 한국도 이런 분석 회사들이 많이 생겨서 지금은 초중고 아마추어 선수들까지 데이터가 구축되어 있어요. 선수들의 발전 과정을 한눈에 볼 수 있는 자료가 된 거죠.

🔵편 에이전트 일을 하고 싶은 마음은 없었나요?

🟢김 저는 스카우팅이랑 영상 분석을 담당하고 있었는데 에이전트 업무를 할 기회도 있었어요. 그때 당시 〈제리 맥과이어〉라는 영화가 유명했어요. 스포츠 에이전트의 이야기였는데 좋아보이기도 해서 저도 좀 관심이 생기더라고요.

선수 한 명을 잘 키워보는 것도 나쁘지 않겠다는 생각도 했었어요. 에이전트 업무가 법률적인 지식이 필요해요. 계약서도 잘 써서 실수하지 않아야 하고요. 그리고 선수의 마음을 잘 안아줘야 하고 인간관계가 좋아야 해요. 그런데 저는 사람들과 관계를 맺는 일보다는 기계로 일하는 게 더 편하더라고요.

🔵편 회사에서 얼마나 오래 있었나요?

🔵김 5년 정도 했어요. 이 일을 하고 나서 1년쯤 지났을 때 축구 협회에서 전력분석관을 뽑는다는 공고가 나서 지원했던 적이 있어요. 서류에 합격해서 실기 시험을 보러 가려고 했어요. 지방에 있는 경기장에서 경기 영상을 찍어서 편집하고 분석하는 실기 시험이 있었는데, 그날 사장님이 급하게 해야 할 일이 있다고 지시를 하신 거예요. 저를 믿고 일을 맡기셨는데 시험 보러 가겠다는 말이 안 나왔죠. 제가 힘든 시간에 어렵게 기회를 주신 건데 믿어주신 만큼 일에서 성과를 내고 나오는 게 낫겠다고 생각했어요.

그 후로도 축구 구단에서 오라는 스카우트 제의가 몇 번 있었는데 다 안 갔어요. 뭔가 기회만 쫓다 보면 나중에는 제 주변에 사람이 없을 수도 있겠다는 생각도 들었고요. 이게 아마 제 철학인 것 같아요. 맡은 일을 충분히 해낼 때까지 책임감을 가지고 하는 거요. 지금 생각해도 그때 흔들리지 않은 게 참 잘한 것 같아요.

🔵편 축구협회 전력분석관은 어떻게 지원하게 된 거예요?

🔵김 2015년에 축구협회에서 전력분석관을 뽑는다는 공고가 다시 났어요. 이번에는 꼭 해보자고 마음먹고 지원했어요. 회사에서 일하면서 틈틈이 저는 국가대표뿐만 아니라 프로 경기도 계속 보면서 영상편집을 하고 분석을 했어요. 팀별 자료도 만들고 선수 개인별 자료도 만들어 놓았죠. 회사 일과 아주 관련 없는 일은 아니지만 회사 일만 하다가는 경기 분석을 하는 능력이 떨어져서 다시는 전력분석관이 될 수 없을 것 같아서 준비를 한 거였어요. 실기 시험을 보러 가기 전에 제가 준비해 둔 남자대표팀 자료를 쭉 봤어요. 왠지 남자대표팀 경기를 분석하라는 문제가 나올 것 같더라고요.

시험을 보러 온 지원자가 다섯 명이었는데 저만 빼고 네 명이 모두 축구협회에서 파트타임으로 일한 적이 있는 사람들이었어요. 유소년 팀같은 경우 전담 분석관을 두지 않고 경기가 열릴 때 파트타임으로 일할 분석관을 채용하거든요. 저만 축구협회랑 아무 관련이 없는 사람이라 좀 놀랐어요. 아마 제가 영국에서 유학했다는 게 신기해서 한번 기회를 줘 본 게 아닐까 하는 생각이 들어요. 여하튼 기회가 왔으니까 최선을 다해서 시험을 봤죠.

편 전력분석관이 되는 마지막 시험이었겠어요.

김 시험은 예상한 대로 남자대표팀 경기 분석이 나왔어요. 주어진 한 시간 동안에 어느 한 주제를 잡아서 분석 영상을 만들고 그것으로 시험감독관들 앞에서 프리젠테이션을 하는 거였어요. 경기를 분석할 주제를 잡고 분석하는 것까지는 어렵지 않아요. 문제는 분석 영상을 만드는 기술이에요. 어떤 프로세스를 써서 분석 영상을 만드는지, 효과는 적절하게 넣었는지, 시간 안에 완성했는지가 중요하거든요. 이건 영상을 얼마나 잘 다루고 숙달되었는지를 보는 거죠. 그러니까 실기 시험은 경기 분석의 포인트를 잘 잡는 능력과 분석 영상을 잘 만드는 숙달된 기술, 이렇게 두 가지를 보는 것 같았어요. 감사하게도 이 시험에 합격해서 국가대표팀 전력분석관이 될 수 있었어요.

편 마지막으로 청소년들에게 하고 싶은 말이 있나요?

김 스포츠는 좋아하는데 선수는 좀 힘들 것 같지만 선수들과 함께 승리를 만들어가고 싶은 청소년이라면 환영이에요. 사실 선수랑 비선수는 차이가 있어요. 그 차이는 아마도 경기를 보는 눈이겠죠. 저도 초등학교 때만 선수 생활을 해 봤기 때문에 비선수 출신이라는 꼬리표가 있어요. 이 차이를 메꿀 수 있으려면 선수 못지않게 노력해야 하는 게 맞고요. 경기장에서 선수가 발로 뛰고 있다면 분석관은 눈으로 뛰고 있다고 생각해요. 그렇게 함께 뛰고 호흡하면서 경기를 보는 눈이 뜨이는 거죠. 눈으로 뛰며 선수들과 함께 호흡하는 전력분석관이 되고 싶은 친구들이라면 망설이지 말고 도전해 보면 좋을 것 같아요.

청소년들의 진로와 직업 탐색을 위한
잡프러포즈 시리즈 57

눈으로 뛰며 승리를 만들어가는
축구 전력분석관

2023년 1월 20일 | 초판 1쇄
2024년 4월 1일 | 초판 2쇄

지은이 | 김보찬
펴낸이 | 유윤선
펴낸곳 | 토크쇼

편집인 | 박성은
표지디자인 | 이든디자인
본문디자인 | 김정희
마케팅 | 김민영

출판등록 2016년 7월 21일 제2019-000113호
주소 서울시 서초구 나루터로 69, 107호
전화 070-4200-0327
팩스 070-7966-9327
전자우편 myys327@gmail.com
블로그 http://blog.naver.com/talkshowpub
ISBN 979-11-92842-02-8(43190)
정가 15,000원